非営利法人における
収益事業課税の
理論と展開

組織の本質的な特徴との
関連からの課題

春日 克則 著

同文舘出版

はじめに

　法人税法22条2項，3項では，資本等取引と損益取引とを区分することにより所得計算を行うものと規定している。しかし，非営利法人の収益事業課税における所得の計算については，収益事業として区分された資産と負債の差額について，これを「資本金等の額及び利益積立金額のいずれにも該当しない」（法人税基本通達15-2-3）としている。このことは，資本等取引と損益取引との区分を規定する法人税法22条に反するものであり，さらに投下資本の回収余剰としての利益を資本概念を規定せずに計算するという，会計理論上無視できない問題を抱えていることになる。

　加えて，非営利法人の収益事業の範囲について34種の限定列挙方式を採用している。これは，法の定義としては不適切な外延的定義を採用しているため，当該事業の範囲が不明確となり肝心の該当例がどのような事業なのかの理解を困難にさせている。

　本書は，これらの問題に対処するために財務会計概念書（SFAC）第4号が示す非営利組織体の本質的な特徴を手掛かりとした解決策の提示を目的としている。SFAC第4号はわが国の税制を前提としたものではないが，非営利法人の収益事業課税の本質的・理論的な考察は特定の国や制度に限定されるものではない。同号は，非営利法人と営利法人との共通性や非営利法人における公益活動と収益獲得活動との混在について詳細な検討を加えており，これらの点は収益事業課税を考えるうえで避けては通れない論点である。

　結論として本書で提示した解決策は，まず，投下資本の回収余剰としての利益（所得）を算定するために不可欠な資本概念について，目的→会計主体論→資本概念という首尾一貫した論理の展開によって導き出した。

　次に，34種の限定列挙方式に代わる新たな課税所得の選択基準については，①資金の拘束性，②非営利法人が持つ特徴的な資金の循環過程，③資本等取引と損益取引の区分という3つの視点に着目したマトリクスを示した。

i

これらの解決策は，投下資本の回収余剰としての利益（所得）を課税対象とすることから，現行の「収益事業のみの課税」から，非営利法人の資本概念に基づいた「投下資本の余剰分に対する課税」への転換を示唆している。さらには，営利法人への課税が資本余剰分についてなされているため，法人税法の課税標準である各事業年度の所得の金額（法人税法21条）について，資本概念の違いを前提とした非営利法人と営利法人との計算の統合へと展開する可能性を推知させるものである。

　本書は九州大学大学院における博士論文を著書としてまとめたものである。主指導教員である大石桂一先生には，毎回の論文指導はもちろんのこと，節目となる論点について思考転換を促す的確なご助言を賜りましたことに心より感謝申し上げたい。また，副指導教員として，税務会計分野にのみ偏りがちな私の研究に対し非営利組織会計の視点から多くのご示唆をいただいた小津稚加子先生，自明と思えるものが自明でないことに気づかせていただいたうえ文章を丁寧にご指導くださった潮﨑智美先生に心より感謝申し上げたい。なお，本書に残りうる誤りはすべて私の責任であることはいうまでもない。

　研究を進めるにあたり多くの方々のお世話になった。とりわけ，大学での研究活動を開始するまで長期間を要した私に対し，公私にわたり励まし信じ続け機会を与えていただいた故栗山益太郎青山学院大学名誉教授に深謝申し上げたい。先生からいただいた学恩に対し，本書の出版という形で少しでも報いることができたとすれば幸いである。

　最後になるが，同文舘出版㈱専門書編集部の青柳裕之氏には出版事情の厳しい中，編集，校正そして刊行に至るまでお力添えをいただいた。記して感謝申し上げる。縁あって青柳氏が同社に入社した年に初めてお会いして27年が経過する。こうして一緒に本づくりができたことはじつに感慨深い…。

　　2024年12月

春日　克則

非営利法人における収益事業課税の理論と展開 ● 目次

はじめに　i

序 章

本書の目的と意義

1　研究の目的と課題 ················· 4

（1）問題の所在と本書の目的 ··········· 4

　1）収益事業の定義　5

　2）会計主体論と資本概念　6

　3）非営利組織の本質的特徴　9

（2）本書の課題 ··········· 10

2　本書の背景と意義 ················· 12

（1）本書の背景 ··········· 12

（2）本書の意義 ··········· 16

3　本書の構成 ················· 18

第 1 章

収益事業課税における課税所得の選択基準
—対価概念批判—

1　はじめに ················· 24

2　対価の構成要素 ················· 25

（1）税制調査会の提言 ··········· 25

iii

（2）判例における収益事業の解釈 ………… 27

　1）判例の要旨　　28

　2）対価概念の検討　　29

（3）IPSASにおける交換取引と非交換取引 ………… 31

3 対価概念に基づいた収益事業課税 …………………………………… 35

（1）税制調査会・判例・IPSASの区分に基づいた課税対象の
　　選択基準の問題点 ………… 36

（2）新たな選択基準の方向性 ………… 38

4 おわりに …………………………………………………………… 39

第 **2** 章

非営利組織の本質的な特徴に基づいた
課税所得の選択基準

1 はじめに ……………………………………………………………… 42

2 非営利法人の組織的な特徴から導出される収益事業課税の
　検討事項 ………………………………………………………………… 43

（1）無償により受領した資金とその利用との関係性
　　（第1の検討事項）………… 44

　1）営利法人における国庫補助金の処理　　45

　2）非営利法人における国庫補助金の処理　　46

（2）非営利法人における資金の循環過程（第2の検討事項）………… 48

3 非営利法人の会計規定からみた課税所得の選択基準 …………… 50

（1）会計基準における反対給付なしに受領した資金と
　　その利用方法 ………… 51

（2）独立行政法人の5つの資金源泉に基づいた課税所得の
　　選択基準 ………… 52

1）出資　52

2）施設費　53

3）補助金等　54

4）運営費交付金　54

5）寄附金　55

4　おわりに ……………………………………………………………… 57

第 **3** 章

法人税法の規定における会計主体論

1　はじめに ……………………………………………………………… 62

2　企業会計における会計主体論と法人税法との関係 ………………… 62

（1）会計主体論の意義 ………… 62

（2）法人税法における会計主体論 ………… 64

3　法人税法における法人観 ……………………………………………… 68

4　法人税法における営利・非営利の区分基準 ………………………… 71

（1）営利（法人）と非営利（法人）の区分基準 ………… 72

（2）区分基準の整合性─普通法人と協同組合等 ………… 75

（3）区分基準の整合性─公益法人等と人格のない社団等 ………… 76

（4）まとめ ………… 81

5　非営利法人の会計主体論に関する通達の規定 ……………………… 82

6　おわりに ……………………………………………………………… 84

第 **4** 章

非営利組織の利益計算と会計主体論

1 はじめに ……………………………………………………………… 88

2 SFAC第4号及び第6号を批判的に論じた池田［2007］………… 89

（1）SFAC第4号に対する批判 ………… 89

（2）SFAC第6号に対する批判 ………… 92

（3）まとめ ………… 94

3 企業会計との表示基準統一化を論じた宮本［2015］………………… 96

4 Anthony［1984］における会計主体論 ……………………………… 98

（1）非営利組織体における会計主体論 ………… 100

（2）会計主体論と利益計算 ………… 102

5 日野［2021］によるアンソニーの所説とFASBの融合モデル …… 106

6 非営利組織における利益計算と会計主体論との関係 …………… 110

7 おわりに …………………………………………………………… 113

第 **5** 章

非営利法人の収益事業課税における資本概念

1 はじめに ……………………………………………………………… 118

2 アンソニーの資本概念 ………………………………………………… 119

3 SFACの資本概念 …………………………………………………… 121

（1）会計主体論 ………… 121

（2）純資産の区分表示の意味 ………… 123

　1）区分表示の意義　　124

　2）表示区分における資本概念　　127

4 非営利組織の会計基準にみる資本概念 …………………………… 131

（1）独立行政法人会計基準 ………… 132

　1）概要　　132

　2）Anthony［1984］の資本概念との対比　　135

（2）公益法人会計基準 ………… 137

（3）学校法人会計基準 ………… 140

　1）概要　　140

　2）学校法人会計基準の特徴　　143

（4）NPO法人会計基準 ………… 146

5 収益事業課税における資本概念 …………………………………… 148

（1）会計主体論からの導出 ………… 150

（2）所得計算原則への適合性 ………… 152

（3）拘束の意図の決定 ………… 154

6 おわりに ……………………………………………………………… 156

vii

終 章

結論と今後の課題

1 要約と結論 ·· 160

（1）新たな課税所得の選択基準 ··········· 161

（2）収益事業課税における会計主体論 ··········· 162

（3）収益事業課税における資本概念 ··········· 165

2 本書の限界と今後の課題 ··· 167

参考文献　171

索　引　179

初出一覧

序　章　書き下ろし

第 1 章　「非営利法人の課税所得の選択基準について―対価概念に基づいた収益事業課税への批判を中心として―」『税務会計研究』第33号，207-214頁，2022年。（加筆・修正）

「非営利法人の課税所得の選択基準について―対価概念に基づいた収益事業課税への批判を中心として―」『九州情報大学研究論集』第24巻，1-13頁，2022年。（加筆・修正）

第 2 章　「非営利法人の課税所得の選択基準について」『税務会計研究』第34号，241-256頁，2023年。（加筆・修正）

第 3 章　書き下ろし

第 4 章　「非営利法人における会計主体論と利益計算―非営利法人に対する収益事業課税の基礎的考察―」『九州情報大学研究論集』第25巻，11-23頁，2023年。（加筆・修正）

第 5 章　書き下ろし

終　章　書き下ろし

略表記一覧

略記	正式名称
法法	法人税法
法法令	法人税法施行令
法基通	法人税基本通達
独法基準	独立行政法人会計基準
一般社団・財団法	一般社団法人及び一般財団法人に関する法律

略語	英語名称	日本語名称
CP	Consultation Paper	コンサルテーション・ペーパー
FAF	Financial Accounting Foundation	財務会計財団
FASB	Financial Accounting Standards Board	財務会計基準審議会
GASB	Governmental Accounting Standards Board	アメリカ政府会計基準審議会
IAS	International Accounting Standards	国際会計基準
IASB	International Accounting Standards Board	国際会計基準審議会
IFAC	International Federation of Accountants	国際会計士連盟
IFRS	International Financial Reporting Standards	国際財務報告基準
IPSAS	International Public Sector Accounting Standards	国際公会計基準
IPSASB	International Public Sector Accounting Standards Board	国際公会計基準審議会
SFAC	Statement of Financial Accounting Concepts	財務会計概念書
SFAS	Statement of Financial Accounting Standards	財務会計基準書

非営利法人における
収益事業課税の理論と展開

―組織の本質的な特徴との関連からの課題―

序章

本書の目的と意義

1 研究の目的と課題

（1）問題の所在と本書の目的

　本書は，非営利法人の収益事業課税における現行の限定列挙方式及び資本概念を欠いたまま行われる所得計算について，これを場当たり的，即ち，非営利法人の収益事業課税における課税所得計算の「原則」に基づくものとなっていないとの批判的立場から，非営利組織の本質的（組織的）な特徴という根本に立ち返り，理論的な検討を行うことを目的としている。

　法人税法4条1項では，「内国法人は，この法律により，法人税を納める義務がある。ただし，公益法人等又は人格のない社団等については，収益事業を行う場合（略）に限る。」として，公益法人等又は人格のない社団等には，各事業年度の所得のうち収益事業から生じた所得についてのみ課税し，収益事業以外の事業から生じた所得については課税しないものと規定している。但し，公益社団法人・公益財団法人が行う公益認定上の公益目的事業については，その事業が法人税法上の収益事業に該当する場合であっても非課税とされる（法法令5条2項1号）。ここでいう収益事業とは，限定列挙された34種の事業[1]（法法令5条1項）について，これを「継続して」，「事業場を設けて」，行われるもの（法法2条13号）をいう。

　本書が対象とする収益事業課税における所得の計算については，経理区分の定めを法人税法施行令6条に置き，個別具体的な規定は法人税基本通達「第15章　公益法人等及び人格のない社団等の収益事業課税」「第2節　収益事業に係る所得の計算等」に設けている。このため，収益事業を行う非営利法人

---

[1] 法人税法施行令5条1項に掲げる収益事業とは次の34種の事業である。即ち，物品販売業，不動産販売業，金銭貸付業，物品貸付業，不動産貸付業，製造業，通信業，運送業，倉庫業，請負業，印刷業，出版業，写真業，席貸業，旅館業，料理店業その他の飲食店業，周旋業，代理業，仲立業，問屋業，鉱業，土石採取業，浴場業，理容業，美容業，興行業，遊技所業，遊覧所業，医療保健業，技芸教授業，駐車場業，信用保証業，無体財産権の譲渡又は提供を行う事業，労働者派遣業である。

は「収益事業から生ずる所得に関する経理と収益事業以外の事業から生ずる所得に関する経理とを区分して行わなければならない。」（法法令6条）。さらに、この経理の区分は、単に収益及び費用を事業区分に応じて按分することのみならず、資産及び負債についても同様に区分することが求められている（法基通15-2-1）。しかし、収益事業を開始した場合に資産、負債を区分経理するとその差額が資本となると考えられるが、通達では区分経理による差額については資本（資本金等の額及び利益積立金額）として認めないものとしている（法基通15-2-3）。このことは、収益事業の開始時点だけでなく、その後において収益事業以外の事業から収益事業に支出した金銭その他の資産についても同様の扱いとされている（法基通15-2-3）。

このような非営利法人の収益事業課税の規定には、次の3つの問題点がある。

1）収益事業の定義

1つは、課税対象となる収益事業を34種に限定列挙した定義を採用していることである。

即ち、法人税法施行令5条1項の定義は「外延的定義」であり、当該事業の範囲が不明確となり肝心の該当例がどのような事業なのかの理解を困難にさせるのである。碧海［1973］によれば、このような外延的定義は「『列挙』による定義であり、集合の元を網羅的に枚挙することによって集合を定義するものである（略）『閣僚』を定義するのに、『閣僚とは内閣総理大臣、外務大臣、大蔵大臣・・・である』というような定義が外延的定義であるが、これは『法』の定義のばあい、明らかに不適切な方法である。」（63-64頁）と批判するところである。

さらに、石坂［2012］によると、限定列挙をすることで列挙される業種が「世の中の事業を見て、その時々で後追いの形で追加される」ことから、「新しいカテゴリの事業においてリストアップにタイムラグが生じるため」に収益事業の欠缺が起こり、「指定のタイミングによっては、法人間の『公平性』を損なう」（46-47頁）ことになるのである。加えて、具体的な各事業の定義

自体についても問題が存する。例えば，不動産貸付業の場合，不動産貸付業そのものの定義をせずに，「不動産貸付業のうち次に掲げるもの以外のもの」（法法令5条1項5号）とした後に，9種類の非該当例を掲げている。このような規定の仕方は，先に挙げた「外延的定義」を間接的に行う方法であり当該事業の外延が一層不明確なものとなる。さらに，個別の事業について直接的な定義を行ったとしても，例えば請負業の規定にみられるように，請負業は「事務処理の委託を受ける業を含む」（法法令5条1項10号）と定めたために，「請負業の意義はきわめて広いものとなり，他の業種に該当しないものは，すべて，これに含まれるかの観を呈」（武田［2000］，409頁）することになる。

　このように，現行の限定列挙方式は，「『法』の定義のばあい，明らかに不適切な方法である。」のに加え，「その時々で後追いの形で追加される」弊害があり，個別的に事業内容を定めた場合においても曖昧さを払拭することはできないため，納税者の予測可能性を損なうおそれがある。それ故，現行の34種を限定列挙する方式に代わる，新たな非営利法人の収益事業課税の選択基準が示されなければならないのである。

2）会計主体論と資本概念

　2つ目の問題点は，非営利法人の収益事業課税において必要な資本概念及びこれを導き出すための会計主体論が明らかにされていないことである。

　前述のように，通達では収益事業として区分された資産と負債の差額について，これを資本として認めていない。即ち，「当該資産の額の合計額から当該外部負債の額の合計額を減算した金額を元入金として経理したとしても，当該金額は，資本金等の額及び利益積立金額のいずれにも該当しない」（法基通15-2-3）としているのである。そこで，この規定を額面どおりに受け取ると，資本の循環過程において投下され維持拘束されなければならない資金（投下資本）という意味での資本が確定されないまま課税所得の計算がなされていることになる。別言すれば，企業は「投下資本に企業努力の結晶である利益が加わった額の貨幣または貨幣等価物を回収するように努める」（飯

6

野〔1994〕, 2-5頁）のである。この資本の循環過程において,「投下資本に利益を加えて回収される貨幣等が収益とよばれ, また, そのために犠牲にされた投下資本が費用とよばれる」（飯野〔1994〕, 2-5頁）のであるが, 非営利法人の収益事業課税ではこの「投下資本」を定めることなしに, その回収余剰である利益（所得）が計算されていることになる。

そして, このことを法的な視点からみるならば, 法人の所得計算の通則を定める法人税法22条では, 資本等取引と損益取引とを区分することにより所得計算を行うものと規定している（法法22条2項, 3項）が, 法人税基本通達15-2-3の規定は, 資本等取引と損益取引とを区分しないまま所得計算を行うよう定めていることになる。そのため, 非営利法人の収益事業課税においては, 二重の意味において「法律の根拠なし」に, 即ち, 租税法律主義に反する形で計算された課税所得に対して法人税が賦課・徴収されていることになるのである。

つまり, 1つには, 収益事業の所得計算方法を規定している通達が形式的には法規ではないという点で法源性がない。しかし, 法規ではない通達を何故, 検討対象とするのかの根拠については以下のように考える。

「元来, 通達は, 原則として, 法規の性質をもつものではなく, 上級行政機関が関係下級行政機関および職員に対してその職務権限の行使を指揮し, 職務に関して命令するために発するものであり, このような通達は右機関および職員に対する行政組織内部における命令にすぎないから, これらのものがその通達に拘束されることはあつても, 一般の国民は直接これに拘束されるものではなく, このことは, 通達の内容が, 法令の解釈や取扱いに関するもので, 国民の権利義務に重大なかかわりをもつようなものである場合においても別段異なるところはない。」（最高裁判所, 昭和43年12月24日判決）とされる。

しかしながら, 「被告（所轄税務署長－引用者）は, 個別通達『負担付贈与又は対価を伴う取引により取得した土地等及び家屋等に係る評価並びに相続税法第7条及び第9条の規定の適用について』（平成元年3月29日付直評5・直資2―204）を引用し, 本件各売買には同通達が適用される結果相続税法7

条が適用されることとなるとも主張するので，最後にこの点について検討する。」（東京地方裁判所，平成19年8月23日判決）と判示するように，課税庁自らが通達を根拠として更正及び過少申告加算税等の賦課決定を行い法廷においてもその主張を展開しているのである。

さらに，通達は行政組織内部の命令に留まらず，法人税法22条4項の公正処理基準であるとした判例も散見される。例えば，「国税庁は，適正な企業会計慣行を尊重しつつ個別的事情に即した弾力的な課税処分を行うための基準として，基本通達（昭和44年5月1日直審（法）25（例規））を定めており，企業会計上も同通達の内容を念頭に置きつつ会計処理がされていることも否定できないところであるから，同通達の内容も，その意味で法人税法22条4項にいう会計処理の基準を補完し，その内容の一部を構成するものと解することができる。」（東京高等裁判所，平成14年3月14日判決）としているのである。

これらのことから，通達は実質的な法規ないしは公正処理基準として機能していると考えられるのであり，それ故，本書では通達を考察対象とするものである。

そして，「法律の根拠なしに」の2つ目の意味として，法人税法関連の法規上，経理を区分する規定（法法令6条）を除き課税所得の算定方法に関する定めが存在しないことである。さらに，収益事業の所得計算方法を唯一規定している通達においても，収益事業として区分された資産と負債の差額について，これを資本として認めていないため投下資本の回収余剰として計算される利益（所得）の計算を困難にさせているのである。

そこで，収益事業課税を行う際に，前提とされるべき資本とは何かが問われなければならないのであるが，その際，「誰の立場ないしはどのような立場から，会計上の判断を行うべきか」（飯野［1994］，1-18頁）という会計主体論に基づいた資本の概念に焦点が当てられなければならないのである。何故ならば，富岡（［2010］，378頁）によると，法人税法は「法人を株主等の集合体とみる法人本質観からは，株主等とそれ以外の第三者との峻別が求められ，必然的に株主等の払込資本のみが維持すべき法人の資本であると観念さ

8

れる。」として，法人擬制説の下で出資者持分を資本としている。しかし，非営利法人は，定款等又は法令の定めにより，当該法人の社員等が当該法人の出資に係る残余財産の分配請求権又は払戻請求権を行使することができない法人であるため，出資者持分（資本）の存在を当然の前提とすることができないからである。仮に，非営利法人が本来の公益活動のみを行うのであれば課税対象とはならないため，会計主体が誰であろうとあるいは資本が定義されないままであったとしても問題とはならない。しかし，収益事業活動に対しては法人税が課されるのであり，誰の立場で何を資本とするかが不明なまま所得計算を行うことは，税務会計の理論からも法的にも許容することができないといわざるをえないのである。

このように，非営利法人の収益事業課税においては，会計主体論と資本概念を欠いたまま所得（利益）が計算されている。このことから，実務上は通達によって実行可能であったとしても，税務会計の観点からは無視できない問題が存する。そこで，収益事業課税において必要とされる非営利法人における会計主体論とそこから導出される資本概念が明らかにされなければならないのである。

3）非営利組織の本質的特徴

3つ目の問題点として，非営利法人の収益事業課税に関する諸規定（通達）は，非営利組織の本質的な特徴に根ざしたものとなっていないことである。

法人税法上の所得計算の通則を定める法人税法22条では，4項において「第二項に規定する当該事業年度の収益の額及び前項各号に掲げる額は，別段の定めがあるものを除き，一般に公正妥当と認められる会計処理の基準に従つて計算されるものとする。」として，いわゆる公正処理基準を規定している。非営利法人における公正処理基準は，主として各法人の会計に関する基準を表した会計基準がこれに該当するものと考えられるが，非営利法人を統一する会計基準は存在しない。その理由として，日本公認会計士協会（［2019］，4頁）は「法人形態ごとに会計が異なる背景には，各会計基準がその所轄官

庁によってそれぞれ設定，改正されてきたこと，そして会計基準の設定，改正に当たっては，近年まで，所轄官庁が管理監督する際の利便性が重視され，一般の情報利用者のニーズに応えることを主眼に置いて設計されてこなかった側面も否定できない。」としている。

そのため，通達が，収益事業として区分された資産と負債の差額について，これを資本として認めないとする規定（法基通15-2-3）を置いているのは，非営利法人の分野において統一的な会計基準が存在しないことにその原因を求めることができるのかもしれない。つまり，非営利法人ごとに異なる会計基準が存在する現状において，所有主のいない非営利法人の資本概念を通達独自に規定することには困難が伴うのであるが，反面において，利益（所得）を計算するには資本概念を念頭に置く必要があるからである。そこで，通達はその解決策として，資本概念を規定しない代わりに資本等取引に該当する事例を個別具体的に定めているものと考えられるのである。

しかし，このような対応は場当たり的であり，非営利法人の収益事業課税における課税所得計算の原則を示すものとなっていない。そこで，この問題を解決するためには，非営利組織の根本に立ち返った理論的な検討を行い，その特徴に基づく分析から「コアとなる資本」[2]（金子［2009］，17頁）の概念及び具体的な会計処理を導き出す必要がある。

（2）本書の課題

上述したように，非営利法人の収益事業課税をめぐっては，①収益事業が

---

[2] 金子［2009］によると，非営利組織には会計上資本が存在しないのではなく，それぞれの組織においてコアとなる資本が異なっているとしている。即ち，「非営利組織には，企業会計でいうような持分は存在しないが，会計上資本（純資産・正味財産）が存在しないとするのではなく，何らかの形で資本を規定している。しかし，その考え方は，非営利組織によって異なっている。それでは，何が非営利組織においてコアとなる資本なのか，また，負債との区分の方法は非営利組織により異なるべきものなのか。この点，例えば独立行政法人会計基準では，資本金，資本剰余金等の概念を用い，国や地方公共団体からの出えんに限定してコアとなる資本を規定しようとしているように考えられるのに対し，独立行政法人以外の非営利組織についてコアとなる資本を決めるとしたら，どのようなものがこれに該当するのかは明確ではない。」（17頁）としている。

限定列挙によって定義されていること，②資本概念及び会計主体論が不明確であること，及び③規定が非営利組織の本質的な特徴に根ざしたものとなっていないこと，という問題点がある。

以上の３つの問題点に対して，本書では以下の３つの課題を設定し，その解決策を理論的に検討していく。即ち，第１の課題は現行の限定列挙方式に代わる収益事業課税における新たな課税所得の選択基準を提示すること，第２の課題は非営利法人の収益事業の課税標準である所得について，これを計算するに必要な資本概念を明らかにすること，第３の課題は第１及び第２の課題を検討する際に従来の場当たり的な対応によるのではなく，非営利組織の本質的な特徴との関連から論理一貫した形で解決策を導出し，首尾一貫した所得計算体系を確立することである。

本書においては，法人税法４条１項の収益事業課税の対象法人のうち，「人格のない社団等は，その公共性ゆえに優遇されるのではなく，その社団性ゆえに，法人課税の対象に取り込まれ，優遇（収益事業課税）が行われてきたという経緯がある」（兼平［2012］，59-60頁）ため考察の対象外とする。したがって，考察の対象とするのは，法人税法２条６号の公益法人等，即ち，法人税法「別表第二に掲げる法人」及びその設立根拠法において公益法人等とみなされる法人（例えばNPO法人等）である。これら収益事業課税の対象となる公益法人等を，以下では非営利法人と記す。さらに，非営利組織会計の先行研究においては「非営利組織」「非営利組織体」などの用語が使用され必ずしも統一されていない。そこで以下では，財務会計基準審議会（Financial Accounting Standards Board：FASB）の財務会計概念書（Statement of Financial Accounting Concepts：SFAC）第４号（FASB［1980］）及び第６号（FASB［1985］）並びにAnthony［1984］からの直接引用とこれを指し示す用語については「非営利組織体」，収益事業課税に関する文脈以外では「非営利組織」という用語を用いる。

2 本書の背景と意義

（1）本書の背景

　これまで何故，収益事業課税に関する研究が滞っていたのかについて，背景として以下の4点が考えられる。

　（1）非営利法人は，その名のとおり原則として利益の獲得を目指す存在とされてこなかった歴史がある。そのため制度的には，独立行政法人会計基準を除き，例えば公益法人会計基準では収益から費用を控除した差額について「当期経常増減額」として「利益」とはしていない。さらに，学校法人会計基準では事業活動収入から事業活動支出を控除するものとして，収益，費用の名称も用いていない。そして，法人税法においても非営利法人に対する非課税措置の歴史が続いている。即ち，石坂［2014］によれば，「法人課税における非営利法人への非課税措置は，1899（明治32）年改正所得税法までさかのぼることができ，それは一部の例外を除いては1950（昭和25）年の税制改正まで継承された。（略）1950年改正法人税法では，すべての内国法人の所得について法人税を課した上で，公益法人等の所得のうち収益事業以外の所得（非収益事業）については法人税を課さないという構成になる。」(26頁)としているのである。

　（2）これまでは，非営利法人の活動領域と営利法人の活動領域が重なる事態が多くなく影響も限られていた。しかしながら，近年においては民間の行う事業との競合関係が問題となり，イコールフッティング論が台頭してきている。例えば，ペット葬祭事件をめぐる最高裁判所（平成20年9月12日）の判決や，公正取引委員会［2018］が公表した「介護分野に関する調査報告書」における考え方である。つまり，「税制について，社会福祉法人の場合は，原則として法人税，住民税及び事業税が非課税である。そのため，前記第3の2(2)イ（52〜53ページ）のとおり，株式会社等からは税制上のイコールフ

ッティングが強く求められている。税制に関しては，介護分野だけの問題ではなく，社会福祉法人の制度上の問題であることから，慎重な検討が求められると考えられるものの，例えば，同一の介護サービスを提供する場合については，イコールフッティングを確保する方向で検討していくことが必要である。」（公正取引委員会［2018］，101頁）とする提言の中に，非営利法人と民間企業との重複領域の増加と問題の深刻化をみることができる。

（3）非営利法人の会計基準が統一されておらず，収益事業課税を議論する場合の前提となる貸借対照表及び損益計算書の作成基準（公正処理基準）を想定することができにくかったのである。金子［2009］は，この点について「非営利組織の会計における資本（純資産・正味財産）や貸方区分のあり方についてなお多くの論点が未解決のまま残されているのは，資本（純資産・正味財産）に焦点を当てた議論がこれまであまりなされてこなかったためであると考えられる。またその背景には，以下のように，そもそも非営利組織については，企業会計に比べて，資本（純資産・正味財産）の意義が希薄化してしまうような固有の事情があったことが挙げられよう。」（18頁）として4つの理由を挙げている。即ち，①（一部の非営利組織において）複式簿記が採用されてこなかったこと，②貸借対照表と損益計算書の関係が希薄であること，③複数の基準設定主体，会計基準が存在すること，④資金収支が重視され，管理会計の役割も兼ねてきたこと（18-20頁），であるとしている。

（4）営利法人の所得計算に関する議論は，財務会計の知の集積を参考にできるが，非営利法人の収益事業課税については，非営利組織会計の分野においてそもそも資本概念やこれに基づく利益計算に関する研究がほとんど行われていない。池田［2020］によれば「2003年以前の会計基準等である，1985年公益法人会計基準，1999年NPO法人会計の手引き，2000年社会福祉法人会計基準をみてきた。それらは，いずれも『資本』，『利益』，『収益』，『費用』を用いなかった。それは，非営利組織の会計においては，『資本』は存在せず，それゆえ『利益』もなく，『利益』の内訳要素である，『収益』，『費用』もないと考えていたと読み取れる。」（10頁）「2003年以降の，2004年公

益法人会計基準，2010年NPO法人会計基準，2011年社会福祉法人会計基準は，『収益』『費用』を用いる。しかし，『資本』，『利益』はとり入れない。」(13頁) としている。2003年には国立大学法人会計基準に資本及び利益に関する規定が導入されたが，その後も独立行政法人を除く非営利法人の会計基準には「『資本』，『利益』はとり入れない。」という制度的な影響が，非営利組織会計における資本概念とそこから導出される利益計算に関する研究を滞らせている背景となっていると推測される。

　しかし，このような状況下においても非営利法人の収益事業課税をめぐる問題点を指摘した先行研究は存在する。その1つが，上記(2)で述べた課税の公平性の視点から非営利法人(宗教法人)が行うペット葬祭業に関して，これを営利法人とのイコールフッティングの立場から判示した最高裁判決についての研究[3]である。

　さらに，本書が考察の対象としている問題についても先行研究が存在する。それは，課税対象となる収益事業について限定列挙方式を採用することから生じる問題である。先行研究では，その解決策として，①「公益事業」以外の事業という間接的な定義法，②課税庁が「免税団体本来の事業」とその関連事業を判断する方法，③税制調査会[2005]が公表した対価性の基準，が提示されている。

　このうち，①間接的な定義法の導入について，品川[1996]は，「結論的には，『収益事業』を制限列挙する方式を廃止し，公益法人等の設立の目的とされている『公益事業』以外の事業から生じる所得については，包括的に課税すれば足りるものと解される。」(21頁)と述べている。この品川[1996]の説を援用して「『収益事業』を限定列挙する方式を廃止し，公益法人等の設立の目的とされている『公益事業』以外の事業から生じる所得については包括的に課税すれば足りるものと解すれば，上記のようなあまり意味のない区分も不要となり，課税関係は明確化されると考える。」(北見[2003]，125頁)

3　藤谷[2009]，入江[2011]，松野[2018]などのほか，判例研究，判例解説などが多数行われている。

とする論者もいる。

　さらに，②の課税庁が「免税団体本来の事業」とその関連事業を判断する方法について石坂［2012］は，「これらの問題について考察する際に，再び米国の例を参照することが有用である。（略）そしてその団体の『免税団体本来の事業』との関連性の有無により，その事業が課税事業にあたるかどうかが（課税庁によって－引用者）判断される。これは実質的関連性主義といわれ，団体の行う取引や事業は，本来の事業と実質的に関連があると判断されるとき，本来の事業と同様に免税となる。」（53頁）と説明している。

　つまり，①については，「設立目的とされている『公益事業』」が，②については，課税庁の判断を要する「免税団体本来の事業」とその関連事業が，明確に定義できることを前提とし，それ以外の非営利法人の活動のすべてが課税対象となるとしている。しかしながら，営利活動と非営利活動が接近・混在するわが国において，公益事業（本来の事業）を明確に定義し，それ以外の事業が収益事業であるとするのは容易ではない。例えば，宗教法人が行うペット葬祭業について最高裁は収益事業と判断したが，①及び②の文言からは，このような事例が最高裁のいう収益事業ではなく公益事業に属することを論証することは困難である。何故ならば，先行研究は，公益事業（本来の事業）を特定するための判断基準を明示していないため，公益活動と収益活動との境界線をめぐる問題の解決策とはなりえていないからである。

　これに対して，③の対価性に基づく基準は，①と②とは異なり収益事業とは何かについて直接言及したアプローチをとる。即ち，公益活動の典型を無償による財ないし役務の提供とするならば，収益活動は役務等の提供に対する何らかの見返り（対価）を伴うものと観念するものである。この基準を提案した税制調査会［2005］によると，「公益法人等が多様な事業活動を行っている現状を踏まえ，課税対象を個別列挙により定めるのではなく『対価を得て行う事業』というように包括的に定めた上で一定のものを除外するという考え方もある。その制度的可能性について検討することも，今後の課題となろう。」（7頁）と述べている。しかし，ここにいう「対価」とはどのよう

な内容を有するものであろうか。この疑問について，税制調査会はその後，検討結果を公表することがなかったことから，対価概念の意味内容については現在も不明のままである。

（2）本書の意義

このように，本書が考察の対象としている収益事業課税が抱える問題点について，先行研究が存在する。それは1つに，課税対象となる収益事業について限定列挙方式を採用すること（第1の問題点）に関する研究である。先行研究では，その解決策として，収益事業を特定する現行の方式に代えて公益事業ないしは「免税団体本来の事業」とその関連事業を特定する方式を提案するものであるが，これらを特定するための判断基準を明示していない。さらに，税制調査会［2005］のいう対価概念についても，その意味内容が明らかにされていない。それ故，これまでの先行研究は，現行の限定列挙方式が抱える問題点の解決策とはなっていないのである。

これに対し，本書は，FASBのSFAC第4号（FASB［1980］）に示された非営利組織体の組織的な特徴を手掛かりとして考察を進めるものである。

つまり，同号では非営利組織体の特徴について，a.経済的な見返りを期待しない資源提供者からの相当額の資源を受領すること，b.利益を得て財貨やサービスを提供すること以外に活動目的があること，c.売却や譲渡等が可能な所有主請求権及び残余財産請求権が存在しないこと（par.6），の3点を挙げているが，本書ではこれら3点を非営利組織の本質的な特徴とするものである。

何故ならば，非営利法人と営利法人との共通性や非営利法人における公益活動と収益獲得活動との混在について，SFAC第4号は詳細な検討を加えているからである。これらの点は収益事業課税を考えるうえで避けては通れない論点である。本書は，わが国の非営利法人の収益事業課税を対象とするものではあるが，この本質的・理論的な検討は特定の国や制度に限定されるものではない。このような，非営利組織体の本質的な特徴との関連において，非営利法人の収益事業課税における新たな課税所得の選択基準を提示するこ

とに本書の意義がある。

　本書が対象とする2つ目の問題点は，非営利法人の収益事業課税において必要な資本概念及びこれを導き出すための会計主体論が明らかにされていないことである。この点について，問題意識の一端を共有する先行研究が存在する。即ち，蛯澤［2015］によると，「資本等取引について区分を設けないとすると，公益法人の資本部分を浸蝕する恐れがある。資本等取引を損益取引と区分する趣旨は，まさにそれを防ぐためにあるのだから，公益法人等についても資本等取引に関する規定を設けることが必要と考えた。」（177頁）とするものである。しかし，「資本等取引に関する規定を設ける」の具体的な内容については，「資本に当たる部分の浸蝕をしないためにも読み替え規定等の措置を取ることが必要と考えた。」（179頁）として，「読み替え規定等の措置」を解決策として示している。しかし，肝心の「読み替え規定等」についての記述がないため，結局のところ，「規定」ないしは「措置」が必要であることの問題意識の表明に留まり解決策を提示したものではない。

　周知のように，非営利組織には企業会計でいう持分権者は存在しないが，資本等取引と損益取引の区分が法人税法22条において求められている以上，何らかの形で資本を規定しなければ所得は計算できないはずである。別言すれば，「投下資本に利益を加えて回収される貨幣等が収益とよばれ，また，そのために犠牲にされた投下資本が費用とよばれる」（飯野［1994］，2-5頁）のであるが，非営利法人の収益事業課税ではこの「投下資本」を定めることなしに，その回収余剰である利益（所得）が計算されていることになる。

　そこで，本書では非営利組織の根本に立ち返った理論的な検討を行い，その特徴に基づく分析から会計処理を導き出す必要がある。その際の焦点は，資本取引と損益取引を区分するための「コアとなる資本」（金子［2009］，17頁）の概念である。それ故，問題提起に留まっている先行研究に対し，本書は非営利法人の収益事業課税において必要な資本概念の解明を行うものであり，ここに本書の意義がある。さらに，その際，これまでの先行研究では問題提起さえなされていない会計主体論からの資本概念の導出を試みている点に意

義を有している。

本書が対象とする3つ目の問題点は，非営利法人の収益事業課税に関する諸規定（通達）が，非営利組織の本質的な特徴に根ざしたものとなっていないことである。川口［1996］は，「税法会計の最も重大な特質は，税法会計が内在的に課税所得決定の論理を持っていないことである。（略）商法や企業会計原則がなければ，税法が適正な課税所得を決定できないというのは，税法会計は極めて不完全，不徹底なものであり，一つの会計の体をなしていないというべきである。」（27頁）と主張している。確かに，現行の限定列挙方式及び資本を規定しないままに収益事業から生じる課税所得を算定することは場当たり的であり，「一つの会計の体をなしていない」といえるのかもしれない。

そこで，本書は，非営利法人の収益事業課税という範囲内ではあるが，非営利組織の根本に立ち返った理論的な検討を行い，その特徴に基づく分析から，目的→会計主体論→資本概念という一貫性を持った論理を構築することにある。このことにより，「税法会計は極めて不完全，不徹底なものであ（る）」とする批判に答えるものであり，ここに本書の意義がある。

3　本書の構成

本書の構成は以下のとおりである。

第1章では，非営利法人の収益事業課税について，収益事業それ自体の定義を行わずに個別に34種を掲記する現行の限定列挙方式には，無視できない問題が存在することを指摘する。そのうえで，限定列挙方式に代わりうる新たな非営利法人の課税所得の選択基準について，現行方式の代替案として提言された税制調査会［2005］の答申と，判例において示された収益事業の解釈について批判的に考察し，その是非を検討する。その際，課税所得計算の基礎をなす非営利組織会計分野における会計規定との関わりについても合わせて言及する。その結果，これらの解決方法は現行方式の代替とはなりえないことを明らかにしたうえで，FASBのSFAC第4号に示された非営利組織

の組織的な特徴に基づく解決の方向性を示す。

第2章では，本書の第1の課題である収益事業課税における新たな課税所得の選択基準を提示する。そのために，前章において解決の方策として示したSFAC第4号を手掛かりとして論点を明確化し，検討すべき事項を導出する。即ち，1つ目の検討事項は，非営利法人が無償により受領した資金とその利用との関係性，2つ目の検討事項は，受領された資金を非営利法人がどのような活動に（拘束的に）使用しているのかという資金の循環過程，そして，3つ目の検討事項は，非営利組織体は持分（資本）を有しないことから，非営利法人が利益（所得）計算を行う際の会計主体論及びそこから導出される資本概念である。このうち本章では，最初の2つの検討事項を考察し，得られた結論について制度の視点から独立行政法人会計基準を用いて検証する。これらの考察結果から，本書の第1の課題である現行の限定列挙方式に代わる非営利法人の新たな課税所得の選択基準を提示する。

第3章では，SFAC第4号を手掛かりとして導出された3つ目の検討事項（資本概念）を考察するために，法人税法の規定に即しながら非営利法人の収益事業課税における会計主体論について検討する。

そのためにまず，法人税法に定められた会計主体論とは何かについて代表的な会計主体論を検討する。しかし，非営利法人をどのような意味内容を持つものとして理解するかにより，法人税法がとる会計主体論と齟齬が生じる可能性がある。そこで，改めて本書における非営利法人の意味内容について整理する必要がある。このような解釈論的な検討とともに，収益事業の課税所得計算を実質的に定める通達を確認することにより，収益事業課税における会計主体論の規定について具体的にみていく。これらの検討結果から，法人税法では非営利法人の収益事業課税における会計主体を定めないまま，即ち，資本と利益の区分ができないまま課税所得計算が行われているという，理論的には無視できない問題が存することを明らかにする。

第4章では，前章における検討結果により，通達を含む法人税法の規定からは会計主体論を読み解くことが困難であることから，非営利組織会計の研

究成果に基づきながら非営利法人の収益事業課税における会計主体論について検討する。即ち，収益事業課税においては所得（利益）を算定しなければならないが，持分（資本）を有しない非営利組織において利益（所得）を計算するためには，「『誰にとって』の利益か」（村田［2018］，81頁）の問い，即ち，会計主体論の議論が不可欠である。しかし，非営利組織は利益の獲得を主たる目的としていないため利益計算についてはこれまで等閑視されてきたといってよい。そこで，限られた先行研究の中から池田［2007］，宮本［2015］，日野［2011］，SFAC第4号及び第6号そしてアンソニー（Robert N. Anthony）の所説（Anthony［1978; 1984; 1989］）に焦点を当て，非営利組織の利益計算において，さらには非営利法人の収益事業課税においてとられるべき会計主体論について明らかにする。

第5章では，非営利法人が課税所得計算を行う際に必要とされる資本概念を検討する。このことは，SFAC第4号に示された非営利組織体の本質的な特徴から導出された最後（3つ目）の検討事項であり，本書ではこれを解くことを第2の課題としている。そのために，非営利組織体を所有主から独立した存在としてみる会計主体理論（エンティティ観）から導出されたアンソニーの資本概念，及びSFAC第6号の表示上の区分である永久拘束純資産，一時拘束純資産，非拘束純資産の3区分について検討する。さらに，制度に着目し，資産から負債を差し引いた差額について多様な規定を置いている非営利法人の会計基準の中から「コアとなる資本」（金子［2009］，17頁）を抽出する。次に，これらの資本概念は非営利組織会計の範疇にあることから，非営利法人の収益事業課税に必要な資本概念であるためには，どのような要件を充足すべきかを検討する。以上の検討結果に基づき，非営利法人の収益事業の課税標準である所得について，これを計算するに必要な資本概念を明らかにする。この結論は，非営利組織の本質的な特徴との関連から論理一貫した形で解決策を導出するという，本書の第3の課題を達成することでもある。

終章では，本書の結論とそこに至るまでの道程を示し残された課題を提示する。

図表序-1 本書の構成（イメージ）

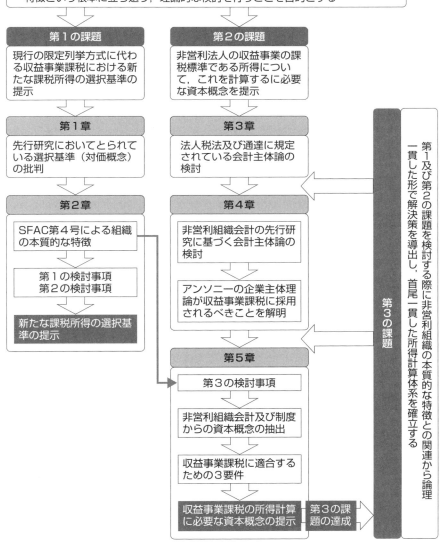

出典：著者作成

第 1 章

収益事業課税における課税所得の選択基準

―対価概念批判―

1 はじめに

　法人税法4条1項では，「内国法人は，この法律により，法人税を納める義務がある。ただし，公益法人等又は人格のない社団等については，収益事業を行う場合（略）に限る。」として，非営利法人には各事業年度の所得のうち収益事業から生じた所得についてのみ課税するものと規定している。ここでいう収益事業とは，限定列挙された34種の事業（法法令5条1項）について，これを「継続して」，「事業場を設けて」，行われるもの（法法2条13号）をいうのである。しかし，法人のあらゆる事業活動の中から収益事業のみを取り出して課税を行うことについては，無視できない問題が存在する。

　つまり，序章で述べたように，第1に収益事業の定義が外延的定義であることから（碧海［1973］，63-64頁），当該事業の範囲が不明確となり肝心の該当例がどのような事業なのかの理解を困難にさせるのである。

　第2には，仮に収益事業のみを取り出せたとしても，資本概念を欠いたまま所得計算が行われていることである。つまり，法人所得計算の通則を定める法人税法22条では，資本等取引と損益取引とを区分することにより所得計算を行うものと規定しているにもかかわらず，資本の循環過程において投下され維持拘束されなければならない資金（投下資本）という意味での資本が，確定されないまま課税所得計算がなされているのである。

　このように，現行方式による収益事業課税には問題があり，すでに限界を迎えた感がある。そこで，まず本書の第1の課題である収益事業の限定列挙方式に代わる新たな課税所得の選択基準が提示されなければならない。このため，本章では，現行方式の代替案として提言された税制調査会［2005］の答申と，収益事業をめぐる訴訟に対処するために判例上どのような解決策がとられているのかについて，以下批判的に考察したい。

　なお，先行研究においては，非営利法人の活動を公益活動ないしはその関連活動と収益事業活動に分割し，公益活動の側から定義することで収益事業

収益事業課税における課税所得の選択基準　第1章

を明らかにするアプローチがとられている[1]。しかし，このようなアプローチは公益活動が明確に定義できることが前提であるにもかかわらず，その意味内容について明らかにされてはいない。これに対して，税制調査会［2005］の提言は，収益事業とは何かについて直接言及したものであるため，考察の対象となりうると考えるのである。そして，この際，国際公会計基準（International Public Sector Accounting Standards：IPSAS）を事例として非営利組織会計分野における会計規定との関わりについても言及するものとする。

2　対価の構成要素

（1）税制調査会の提言

　税制調査会［2005］は，非営利法人の収益事業課税制度について「まずは，公益法人等が行っている事業の実態を調査し，これに基づいて，課税とされるべき収益事業の範囲を根本的に洗い直すべきである。その際，限定列挙されている収益事業の範囲を拡大するとともに，現行の収益事業の範疇であっても一部非課税とされている特定の事業内容についてその妥当性を再検討すべきである。他方，これに関連して，公益法人等が多様な事業活動を行っている現状を踏まえ，課税対象を限定列挙により定めるのではなく『対価を得て行う事業』というように包括的に定めた上で一定のものを除外するという考え方もある。その制度的可能性について検討することも，今後の課題となろう。」（税制調査会［2005］，7頁）として，収益事業に代わる概念として「対価」による旨を提言したのである。

　しかしながら，ここでいう「対価を得て行う事業」の意味内容については必ずしも明確ではない。対価という概念は，種々の法律においてみることができる。例えば，民法88条2項では「物の使用の対価として受けるべき金銭

1　このようなアプローチをとる論者として，例えば品川［1996］，北見［2003］，石坂［2012］を挙げることができる。

25

その他の物を法定果実とする。」と定めており，会社法361条1項では「取締役の報酬，賞与その他の職務執行の対価として株式会社から受ける財産上の利益（略）」と規定している。さらには，法人税法においても，22条の2第4項において「内国法人の各事業年度の資産の販売等に係る収益の額として第一項又は第二項の規定により当該事業年度の所得の金額の計算上益金の額に算入する金額は，別段の定め（前条第四項を除く。）があるものを除き，その販売若しくは譲渡をした資産の引渡しの時における価額又はその提供をした役務につき通常得べき対価の額に相当する金額とする。」としている。そして，消費税法では，課税対象となる「資産の譲渡等」（消費税法4条）について，「事業として対価を得て行われる資産の譲渡及び貸付け並びに役務の提供（代物弁済による資産の譲渡その他対価を得て行われる資産の譲渡若しくは貸付け又は役務の提供に類する行為として政令で定めるものを含む。）をいう。」（消費税法2条1項8号）と定義している。このように，対価という文言は様々な法律において多数使用されているのであるが，どの法律分野においても，対価という用語そのものについての明確な定義はなされていない[2]。

そこで，対価という概念を明らかにするために参考となるのは，（法令ではなく通達ではあるが）租税特別措置法関係通達（法人税編）61の4（1）－8「情報提供料等と交際費等との区分」の規定である。即ち，当該条項において対価とは，（1）その金品の交付があらかじめ締結された契約に基づくものであること，（2）提供を受ける役務の内容が当該契約において具体的に明らかにされており，かつ，これに基づいて実際に役務の提供を受けていること，（3）その交付した金品の価額がその提供を受けた役務の内容に照らし相当と認められること，の3要件のすべてを満たしていることとしている。

---

2 なお，消費税法基本通達5-1-2では「法第2条第1項第8号《資産の譲渡等の意義》に規定する『対価を得て行われる資産の譲渡及び貸付け並びに役務の提供』とは，資産の譲渡及び貸付け並びに役務の提供に対して反対給付を受けることをいう」と規定している。しかし，この文言に対しては，「ここで，『対価を得て行われる』という文言を『・・・に対して反対給付を受ける』という意味に解しているのは，いわば同義語で言い換えたものであるということができる」（大阪高等裁判所，平成24年3月16日判決）とする見解や，「『役務の提供に対する反対給付』という定義は，それ以上の検証を許さないほど，基準として明確性，具体性を帯びているとはいえないであろう。」（田中［2012］，557頁）との指摘がなされている。

つまり対価は,「財産や労力を他人に与えるまたは利用させた場合に,その報酬として受け取る利益を観念させるのである。それゆえ,対価は,資産の譲渡等とこれに対応して金銭等の反対給付がなされるという相関関係の中で形作られることを,その核心部分としている」(田中 [2012], 557頁)と考えられる。

そこで,対価は上記通達の解釈から,次の3つの要素から構成されているといえる。即ち,(1)契約等による任意性の非存在(契約そのものは課税関係とは異なり強制されることなく任意で締結されたものであることが前提となる),(2)役務等の提供とそれに対応した代金授受との関連性,(3)当該役務と当該代金が同等の経済的価値を持つという同等性である。

このように対価という概念は,3つの要素から成り立っているが,問題となるのは「同等性」の意味内容である。税制調査会 [2005] が,収益事業を限定列挙する代わりに対価概念を提案した理由は,「報酬として受け取る利益を観念させる」(田中 [2012], 557頁)ものだからである。つまり,対価の意味するところは,課税対象となる利益(所得)の獲得を目的とする活動から得られる反対給付を指すことにあると推察できる。それ故,対価における「同等性」とは,低廉譲渡を含まない文字どおりの等価の金額と解される。

(2) 判例における収益事業の解釈

すでに述べたように,収益事業を限定列挙することには問題がある。そのため,非営利法人の収益事業をめぐる訴訟が提起されているのである。そこで,この問題に対処するため裁判ではどのような対応策がとられるかについて,代表的な判例を検討することにしたい。

収益事業をめぐる代表的な事例としては,①治験事件(東京地方裁判所,平成15年5月15日判決),②流山事件(千葉地方裁判所,平成16年4月2日判決),そして③ペット葬祭事件(名古屋地方裁判所,平成17年3月24日判決。最高裁判所,平成20年9月12日判決)の3つを挙げることができる。いずれも原告である非営利法人が課税庁を被告として法人税の課税処分について訴えを起こ

したものである。

1）判例の要旨

①の治験事件は，医学部，薬学部，付属病院等を有する原告Xが，医薬品等の製造販売を行う製薬会社からの申し出に基づいて治験を実施し，奨学寄附金，研究助成金等の寄附金（3億円余り）を受領したケースである。

当該事件において東京地方裁判所（平成15年5月15日判決）は，「製薬会社にとっては，治験が新薬の製造，販売において重要な意味を持ち，他方，それを行う立場の原告にとっては，重大な責任と実施の困難さ等が必然的に伴うという状況の下においては，治験の実施に係る契約書の中に，製薬会社等から原告に研究費等として金員を支払う旨が定められている場合には，当該金員は原告による治験の実施に係る役務提供の対価という趣旨で定められているものと解するのが自然であり，さらに，治験の実施に係る契約書において金員の支払に関する定めがない場合であっても，原告と製薬会社等との間において，原告が無償で治験を実施することとされていたのではなく，治験の対価として金員を支払うことが想定されているものと考えることが合理的である。なお，これは，治験の委託に際し，契約書が作成されていない場合であっても，製薬会社等の担当者が，治験に係る役務提供の対価という認識の下に金員を支払っている事実が存在することからも裏付けられるというべきである。さらに，原告は，製薬会社等に対し，治験以外にも，新薬の開発の過程において必要とされる委託研究及び有益な情報の提供等の役務を提供しており，これらについても，何らかの対価の支払が想定されていたと考えることが合理的というべきである。」として，本件寄附金の支払について対価性を認めている。

また，②の流山事件は，福祉サービス活動を行う原告NPO法人Xが，自ら行うサービス活動の謝礼について，Xが発行する「ふれあい切符」のみを用いてあらかじめ決められた運用細則に従って決済するものとしていたが，このふれあい切符の授受がサービスの対価とされたケースである。

収益事業課税における課税所得の選択基準　**第1章**

　当該事件において千葉地方裁判所（平成16年4月2日判決）は，「予め原告の運用細則で，その点数（すなわち負担額）が1時間当たり8点（800円相当）と定められており，運営細則が，負担の有無及びその内容をサービス利用会員の自由意思に委ね，サービスの提供を受けた会員が，運営細則で定められた負担を全くしなかったり，その負担点数（負担額）を自らの意思で変更する等の事態を許容しているとは認められないこと，利用会員が，負担点数をサービスの提供に協力する会員との間の合意によって変更したり，ふれあい切符ではなく現金で直接，協力会員に支払ったりすることも運営細則上予定されていないこと等を総合すると，サービスの提供を受けた会員が原告の運営細則の定めに基づいて負担する1時間当たり8点（800円相当）のふれあい切符の点数は，原告が提供したサービスの対価として，原告に支払われるものであると認めるのが相当である。」として，本件ふれあい切符の対価性を認めたのである。

　そして，③のペット葬祭事件は，宗教法人である原告Ｘは，ペットの飼い主からの依頼を受けて葬儀や供養等を執り行っているが，その際に受領した金員が収益事業に当たるとされたケースである。

　当該事件において名古屋地方裁判所（平成17年3月24日判決）は，「施行令5条1項（収益事業の範囲－引用者）の示す特掲事業は，これを通覧すれば明らかなとおり，一方がある給付行為を行うのに対し，その対価として財貨を移転することを約することによって成立する類型の事業である」としたうえで，「人の葬儀における読経行為など，宗教行為の典型例とされているものにおいては，通常，かかる意味での任意性が存在すると考えられていることは公知の事実である」と判示し，対価性を認めたうえで収益事業の構成要素として「同等性」と宗教行為における「任意性」（お布施）との対比，即ち当該事件における「任意性の非存在」を挙げている。

2）対価概念の検討

　これら3つの判決に共通した対価概念の要素には，サービスの提供とそれ

29

に関係した反対給付の授受という「関連性」と，代金の支払の契約等による「任意性の非存在」が挙げられる。そして，「同等性」については著しく低廉な場合には対価性を認めないとした判決がある。

即ち，②の流山事件の千葉地方裁判所（平成16年4月2日判決）が「原告（NPO法人−引用者）が営利を目的としないことが条件とされている特定非営利活動法人であり，サービス提供に対する対価を市場価格よりも低く設定するのは，その法的性格からしても，自然なことであることをも勘案すると，1時間当たりふれあい切符8点（800円相当）という負担額は，1時間当たり最低1530円という介護保険の家事援助に対する報酬額と比較しても，サービス提供に対する対価性を否定するほどに著しく低廉なものであるとまでは認められない。」と判示したのである。

これに対して，対価の多寡を問題としないとした判決がある。即ち，③のペット葬祭事件において最高裁判所（平成20年9月12日判決）が，「本件ペット葬祭業においては，上告人（宗教法人−引用者）の提供する役務等に対して料金表等により一定の金額が定められ，依頼者がその金額を支払っているものとみられる。したがって，これらに伴う金員の移転は，上告人の提供する役務等の対価の支払として行われる性質のものとみるのが相当であり，依頼者において宗教法人が行う葬儀等について宗教行為としての意味を感じて金員の支払をしていたとしても，いわゆる喜捨等の性格を有するものということはできない。」とした判示である。つまり，最高裁は，料金表の存在を根拠に金員の任意性を否定することによって対価性を認めたのであり，仮に料金表において著しく低廉な金額あるいは高額な金額が示されていたとしても問題としなかったことになる。それ故，判例の重要性からは，地裁の判断よりも最高裁の判断が優先されるため，判例上の対価概念はサービスの提供に対する反対給付の授受（関連性）とその任意性（のないこと）が要件であり，反対給付の多寡は問題とならないといえるのである。

以上のように，税制調査会［2005］の提言では，「対価」の3要素のうち同等性は必須の要件であり文字どおり等価の金額と解された。これに対して

判例では，関連性と任意性の非存在の2つの要素が重視され，同等性は少なくとも最高裁では問題とされていないことが明らかになったのである。

（3）IPSASにおける交換取引と非交換取引

これまでの考察では，課税関係から対価概念をみたのであるが，法人税法の所得計算と関連の深い会計領域では「対価」をどのように規定しているのであろうか。

「対価」は，税制調査会［2005］にみるように利益（同等性）を観念する概念である。しかし，わが国において非営利組織は，その名のとおり原則として利益の獲得を目指す存在とされてこなかった歴史がある。そのため，制度的には独立行政法人会計基準（以下，独法基準という）を除き，例えば公益法人会計基準では収益から費用を控除した差額について「当期経常増減額」として「利益」とはしていない。さらに，学校法人会計基準では事業活動収入から事業活動支出を控除するものとして，収益，費用の名称も用いていない。そして，利益計算の基礎となる資本概念について，金子［2009］によれば「そもそも非営利組織については，企業会計に比べて，資本（純資産・正味財産）の意義が希薄化してしまうような固有の事情があったことが挙げられよう。」（18頁）として4つの理由を挙げている。即ち，①（一部の非営利組織において）複式簿記が採用されてこなかったこと，②貸借対照表と損益計算書の関係が希薄であること，③複数の基準設定主体，会計基準が存在すること，④資金収支が重視され，管理会計の役割も兼ねてきたこと（18-20頁），である。

そのため，「対価」の意味内容について，営利組織のみならず非営利組織の会計も管轄するアメリカのFASBの会計基準と，国際公会計基準審議会（International Public Sector Accounting Standards Board：IPSASB）が公表する，IPSASをみていくことにしたい。

このうち，FASBについては次章において取り上げることから本章ではIPSASを検討対象とする。本来ならば，国際会計基準審議会（International

Accounting Standards Board：IASB）が公表する国際財務報告基準（International Financial Reporting Standards：IFRS）を取り上げるべきであるのかもしれないが，IASBは非営利組織の会計基準の設定主体とはなっていない。この点，アメリカ政府会計基準審議会（Governmental Accounting Standards Board：GASB）とFASBはともに，財務会計財団（Financial Accounting Foundation：FAF）の下に置かれ，「GASBは州・地方政府に関する基準を設定し，FASBはその他すべての主体に関する基準を設定する。」（大石［2021］，30頁[3]）との調整がなされているのとは対照的である。つまり，IASBは非営利組織の会計基準を設定するものではなく，国際会計士連盟（International Federation of Accountants：IFAC）の下に置かれたIPSASBがIPSASを公表しているのである[4]。そこで，以下では非営利組織を対象としたIPSASをみていくこととしたい。

　IPSASでは，「対価」を交換取引と非交換取引の構成要素の1つとして規定している。即ち，交換取引とは，「ある主体が資産またはサービスを受領し，または負債の減少を受け入れ，それと交換に他の主体に対しておおむね同等の価値を直接的に与える取引」であり，非交換取引とは，「交換取引でない取引をいう。ある主体が，交換によりおおむね同等の価値を直接的に与えることなく別の主体から価値を受領するか，交換によりおおむね同等の価値を直接的に受領することなく別の主体に価値を与えるかのいずれかの取引である。」（IPSASB［2001a］，par.11）としているのである。

　ここで，「直接的に」の意味が問題となるが，これは取引主体が，何らかの経済的資源をお互いに取引するという合意（契約）を締結する関係にある

---

3 GASBとFASBとの関係及びGASBの創設過程については，大石［2021］において詳細に検討されている。

4 川村・青木［2010］によれば，「公会計では，国際会計士連盟（International Federation of Accountants; IFAC）に置かれている国際公会計基準審議会（International Public Sector Accounting Standards Board; IPSASB）によって，公的主体に適用される国際公会計基準（International Public Sector Accounting Standards; IPSAS）が開発されている。IPSASについては，現在，国際連合グループにおいてその導入が進められ，さらに世界銀行等の国際援助機関によって各国政府関係機関に対するIPSASの導入が推進されている。」（1頁）のである。

収益事業課税における課税所得の選択基準　**第1章**

ことを指すものと考えられる。何故ならば，交換取引は公的権限（法律等）によって一方的ないしは間接的に徴収される税などの非交換取引と対比される概念だからである。それ故，交換取引は合意（契約）に基づく取引であるため，すでに述べた「対価」の要素のうち関連性と任意性（租税との対比における）の特徴を有しているといえる。

さらに，IPSAS第23号では，「交換取引」を「おおむね等価交換である取引」（IPSAB［2006］, par.8）とし，「非交換取引」を「主体が資源を受け取り，その見返りに対価を全く提供しないか，もしくは，わずかしか提供しない取引」（par.9）と定義し，さらに「取引が補助的な価格，つまり，販売された財の公正価値にほぼ等しいとはいえない価格で行われた場合」（par.11）もその取引は非交換取引になるとしている。それ故，交換取引，非交換取引はともに「対価」の構成要素である同等性によっても規定されており，このうち交換取引は主体間でのおおむね同等の価値を持つ資源の移動であり，非交換取引は低廉譲渡及び反対給付が行われない（無償の）資源の移動をいうのである。

なお，IPSASBは，2017年8月に公表したコンサルテーション・ペーパー（CP）『収益及び非交換費用の会計』（IPSASB［2017］）において，IPSAS第23号の交換取引，非交換取引の変更ないしは補完の提案を行っている。即ち，CPでは収益取引を履行義務又は制約条件の有無によりカテゴリーA，B，Cの3種類に区分する。このうちカテゴリーAは，履行義務や合意事項（stipulations）がない取引（特に税金や移転収入）を対象としているので（par.3.3），それらに履行義務等に基づく会計処理を適用することは難しいことから，IPSAS第23号を修正・更新して適用することを提案している（par.3.9）。そして，カテゴリーCは，商業的な条件で顧客に財又はサービスを移転する履行義務を伴う取引を対象とする（par.3.4）ため，実質的には営利目的の収益取引と同じであり，IPSAS第9号『交換取引からの収入』及び第11号『工事契約』（IPSASB［2001b］）の対象範囲の取引の多くが該当する。そこで，カテゴリーCの取引については，IFRS第15号『顧客との契約から生じる収益』（IASB［2014］）に基づくIPSASを開発することが提案さ

33

れている（par.3.6）。さらに，カテゴリーBは，履行義務又は約定を伴うが，IFRS第15号の履行義務のすべての特徴を満たさない取引である（par.3.3）としている。

　CPでは，このカテゴリーBの取引について収益を認識するために，（1）IPSAS第23号を修正する方法（アプローチ1）と，（2）公的部門用に修正した履行義務による方法（アプローチ2）とを提示している。そして，アプローチ1では（a）から（e）の5つのオプションについて，（a）交換・非交換の区別に関する追加のガイダンスを示す方法（pars.4.11-4.13），（b）時間的な要件に関する表示（display）・開示を充実させる方法（pars.4.14-4.18），（c）時間的な要件を，付帯条件として分類する方法（par.4.19），（d）時間的な要件を伴う移転を，その他の債務に分類する方法（pars.4.20-4.23），（e）時間的な要件を伴う移転を，純資産・持分に認識したのち，財務業績計算書上の収益としてリサイクルする方法（par.4.24）であると説明している。また，アプローチ2は，IFRS第15号の履行義務アプローチが民間企業における収益取引を前提としていることから，公的部門の以下のような特徴を踏まえ公的部門用に拡張された履行義務アプローチである（pars.4.25-4.26）としている。ここで，公的部門の特徴とは，（a）提供する財又はサービスがわかりにくいこと，（b）企業と顧客という二者間の取引よりも，資源（資金）提供者，資源（資金）受領者即ちサービス提供者，そしてサービス受益者の三者間取引が多いこと，（c）支配の移転する時点がわかりにくいこと，（d）強制可能性にも様々なバリエーションが存在すること等（pars.4.25-4.26）をいうとしている。

　IPSASBは，上記の2つのアプローチを比較検討した結果，カテゴリーBの取引には，公的部門の履行義務アプローチ（アプローチ2）を適用して会計処理を行うべきであるとしている。何故ならば，アプローチ2には，概念フレームワークとの整合性，現行のIPSAS文書との整合性，交換取引・非交換取引の境界問題への対応等の各種の利点があると判断したからである（par.4.64）。

以上のように，CPでは交換取引・非交換取引概念に代えて，収益取引を履行義務又は制約条件の有無によりカテゴリーA, B, Cの3種類に区分している。このうち，カテゴリーBについては，公的部門の履行義務アプローチ（アプローチ2）が推奨されているために，対価の有無は問題とされないことになる。他方，カテゴリーAについては，履行義務等に基づく会計処理を適用することは難しいことから，IPSAS第23号を修正・更新して適用することが提案されている。また，カテゴリーCは，実質的には営利目的の収益取引と同じであるためIFRS第15号に基づいたIPSASの開発を提案している。しかし，IPSAS第15号及び第23号は現状ではまだ更新されていないため「対価」がどのような意味内容を有するのかは明らかとなっていない。そこで，本章では，現行のIPSASにおいて規定されている交換取引，非交換取引に関連付けられた「対価」のみを考察対象として，その構成要素は，任意性（租税との対比における），関連性，同等性（交換取引では等価交換，非交換取引では低廉譲渡と無償譲渡）からなっているものとして検討を進めたい。

3　対価概念に基づいた収益事業課税

　前節では，税制調査会，判例，そしてIPSASにおける対価概念を検討したが，その結果からこれら3者の適用範囲を示したものが図表1-1である。

図表1-1　税制調査会・判例・IPSASの対象領域とその内容

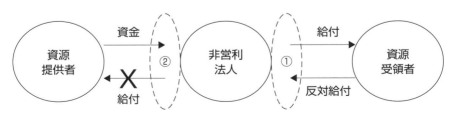

出典：筆者作成

①は，非営利法人と資源の受領者との関係を表す領域である。税制調査会，判例，IPSASはこの領域においてともに，任意性，関連性を要素としている点は共通している。しかし，同等性については取扱が異なっていた。即ち，税制調査会［2005］のいう対価の意味は必ずしも明らかではないが，徴税可能な所得を念頭に置いているとすれば，利益の獲得を目的とする活動から得られる反対給付を指すことにあると推察できる。それ故，対価の要素である「同等性」とは，低廉譲渡を含まない文字どおりの等価の金額と解される。また，千葉地方裁判所（平成16年4月2日判決）においても対価に同等性を求めているが，その内容は著しく低廉なものを除いた等価の意味であった。これに対して，最高裁判所（平成20年9月12日判決）は対価性を料金の等価性や多寡によるのではなく，料金表それ自体を根拠に判断を下していることから，対価に同等性を求めていないことになる。また，IPSASは交換取引を等価交換のみとし，非交換取引を低廉譲渡と無償譲渡からなっているとしている。そこで，非営利法人の場合，①の領域は等価交換のみで行われるわけではないことから，IPSASではこの領域は交換取引（等価交換）と低廉譲渡を内容とする非交換取引の適用対象であると考えられる。

そして，②については資源提供者と非営利法人との関係領域であり，非営利法人が反対給付を行うことなしに資金の提供を受けるため，IPSASの非交換取引の無償譲渡（取引）のみが該当することになる。

（1）税制調査会・判例・IPSASの区分に基づいた課税対象の選択基準の問題点

このように，**図表1-1**の①の領域は税制調査会，判例及びIPSASの非交換取引の無償譲渡取引を除いた対価概念が適用され，②の領域はIPSASの非交換取引の無償譲渡取引のみが該当することになる。そこで，**図表1-1**の①と②の各領域に対価概念を適用した場合の課税対象の選択基準について考えてみたい。何故ならば，税制調査会［2005］は収益事業課税の問題点を踏まえ，現行の限定列挙方式に代えて対価に基づいた課税制度を提言しているからである。なお，所得の計算に当たっては法人税法22条の規定から資本等取

収益事業課税における課税所得の選択基準　**第1章**

図表1-2　税制調査会・判例・IPSASの対価概念に基づいた課税対象の選択基準

	損益取引	資本等取引
①の領域	課税対象	非課税
②の領域	課税対象	非課税

出典：筆者作成

引と損益取引とを区分する必要があるため，①と②の領域に同条で求められ
ている資本等取引・損益取引の区分を加えたマトリクスによって課税対象の
有無を示したものが**図表1-2**である。

　図表1-2のうち，①及び②の領域と資本等取引とが交差する区分については，
法人税法上，課税対象とはならない。何故ならば，法人税法の課税標準であ
る「所得の金額」（法法21条）は，資本等取引が除外されて計算されるから
である。つまり，法人税法では，条文上，「所得」の定義を行っていないが，
「所得の金額」は「別段の定め」があるものを除き，益金の額から損金の額
を控除することにより算定される（法法22条1項）。その際，「資本等取引」
から生ずる金額は益金及び損金の額から除外される（法法22条2，3項）とし
ているからである。

　そして，①の領域と損益取引が交差する区分は，対価を得て行う取引であ
るため，課税対象になりうるものと考えられる。なお，この領域にはIPSAS
及び千葉地方裁判所（平成16年4月2日）の判決で示された低廉譲渡も含ま
れるが，低廉譲渡は課税対象とはなるものの対価が給付を下回るため，結果
的に課税されないことになる。

　これに対して，②の領域と損益取引が交差する区分については，反対給付
のない資金の受領を「対価」と呼べるかどうかが問題となる。仮に，呼べな
いとすると税制調査会，判例及びIPSASの対価に基づいた区分は，②の領
域の課税問題について判断基準を提示しえないことになるのである。あるい
は，このような非交換取引によって受領した資金を「対価」とした場合にお
いても，②の領域と損益取引とが交差する区分が課税対象となるか否かの判

37

断が必要となる。そこで，結論から述べるならば，当該区分は税制調査会，判例及びIPSASによれば課税対象となりうると考える。何故ならば，②の領域では非営利法人からの反対給付（資源の提供）なしに資金の受領が行われるため，簿記上は純資産の増加を伴う取引として収益（＝利得）を生じさせるからである。しかし，寄附金や補助金等として資源提供者の目的を達成するために託された資金に課税した場合，当該資源提供者の本来の意図を妨げる結果を招く可能性がある。そこで，②の領域について純資産の増加を理由に課税対象とすることの是非，換言すれば非営利法人の活動において，何故このような無償による資金の提供が行われるのかについて考察する必要がある。

（2）新たな選択基準の方向性

　この点について，SFAC第4号に示された非営利法人の組織的な特徴が手掛かりとなる。即ち，SFAC第4号はその特徴として，a.経済的な見返りを期待しない資源提供者からの相当額の資源を受領すること，b.利益を得て財貨やサービスを提供すること以外に活動目的があること，c.売却や譲渡等が可能な所有主請求権及び残余財産請求権が存在しないこと（par.6），の3点を挙げている。

　これらの特徴から，非営利法人では資源の受益者に対して無償ないしは低廉な価格で財やサービスを提供する活動（**図表1-1の①の領域**）と，反対給付なしに資金を受領する活動（**図表1-1の②の領域**）とが相互に密接に関連していることがわかる。何故ならば，もし非営利法人が「b.利益を得て財貨やサービスを提供する」という営利法人において典型的にみられる活動のみを行っているならば，「a.経済的な見返りを期待しない資源提供者からの相当額の資源を受領すること」は通常想定することはできないからである。別言すれば，仮に，営利法人が行う利益獲得活動において，第三者からの寄附や補助金という無償の譲受に依存するとすれば，組織の存続は困難となるからである。そこで，何故「a」の反対給付のない資金拠出が行われるのかの理由は，

非営利法人がその受領した資金によって「b」の財やサービスを提供する活動を無償ないしは低廉な対価によって行っているからだと考えられるのである。それ故，**図表1-1**の①の領域と②の領域とが相互に密接に関連していると仮定できるのであり，この2つの活動の結合関係ないしは拠出された資金の拘束性について検討する必要性が生じるのである。

　しかし，非営利法人は常に非交換取引のみを行っているわけではない。上記「b」との関連でいうならば，利益を得て財貨やサービスを提供する目的もありうるのである。SFAC第4号が，「いかなる組織体でもかかる特徴（先に挙げた非営利組織に固有の3つの特徴－引用者）の発生度合いおよび相対的重要性が異なるので，非営利組織体と営利企業との境界線は必ずしもはっきりしてるわけではない。」(par.7) としているのはこのためである。つまり，非営利法人は，公益的な活動と営利活動とを同時に行いうることにその特徴がある。非営利法人が反対給付なしに受領した資金について，それが低廉や無償で行う財やサービスの提供に用いられる場合と営利活動に供される場合とがあり，さらには，営利活動から得た資金を再投資しているケースも考えられる。それ故，非営利法人の資金の循環過程について検討する必要があることになる。

　さらに，SFAC第4号は，非営利法人の特徴の1つとして配当や残余財産の分配請求権がなく，したがって分配請求権の売却や譲渡の可能性がない（「c」）旨を指摘していることから，非営利法人は資本（持分）を有していないことになる。そのため，非営利法人が収益事業を営む場合，所得金額の計算から除外される「資本等取引」（法法22条2，3項）にいう資本とは何かを検討しなければならないのである。

4　おわりに

　すでに限界を迎えた感がある限定列挙方式による非営利法人の収益事業課税について，これに代わる新たな課税所得の選択基準が提示されなければな

らない。このため本章では，現行の限定列挙方式の代替案として提言された税制調査会［2005］の答申と，収益事業をめぐる訴訟に対処するために判例上どのような解決策がとられているのかについて批判的に検討した。その際，IPSASを事例として課税所得計算の基礎をなす非営利組織会計分野における会計規定との関わりについても合わせて言及した。

　その結果，税制調査会［2005］，判例及びIPSASB［2001a; 2006］で示された対価概念は，非営利法人とその用役提供先との関係において妥当するものであり，寄附金に代表される反対給付なしに行われる資源の授受を表す資源提供者と非営利法人との関係が考慮されていないことが判明した。具体的には，**図表1-2**に示された税制調査会［2005］，判例及びIPSASB［2001a; 2006］の対価概念に基づいた課税対象の選択基準のうち，②の領域と損益取引とが交差する区分が課税対象となるため，非営利法人を中心とした場合，寄附金等を受領する関係とこの資金を活用した用役の提供との関係が分断され，資源提供者の本来の目的が阻害されるという弊害があることを明らかにした。

　同時に，この問題点を解決するためにSFAC第4号に示された非営利法人の組織的な特徴を手掛かりとするという問題解決の方向性を示したのである。

第 **2** 章

非営利組織の本質的な特徴に
基づいた課税所得の選択基準

1 はじめに

　非営利法人の収益事業課税において採用されている限定列挙方式には，様々な問題点が指摘されているが，とりわけ，当該方式が「外延的定義」に該当することから，収益事業課税の範囲が不明確となり肝心の該当例がどのような事業なのかの理解を困難にさせている。さらには，収益事業課税の対象となる収益事業の決定について「世の中の事業を見て，その時々で後追いの形で追加される」（石坂［2012］，46-47頁）ことから，場当たり的な対応策を採用している。そのため，前章では現行の限定列挙方式の代替案として提言された税制調査会［2005］の答申と収益事業課税をめぐる判例の考察を行った。その結果，両者は収益事業における課税所得の選択基準について対価概念による解決策を提言・実践していたことが明らかとなった[1]。しかし，当該概念が非営利法人とその役務提供先である資源受領者との関係（**図表1-1の①の領域**）において理解されていることから，非営利法人に拠出された資金とその資金を利用した資源提供とが分断され，その結果，提供された資金が課税対象となり資源提供者の目的が阻害されるという無視できない問題が存していた。

　この問題を解決するためには，非営利組織の根本に立ち返った理論的な検討を行い，その本質的な特徴に基づく分析から会計処理を導き出す必要がある。本章ではそのために，前章において解決の方策として示したSFAC第4号を手掛かりとして論点を導出する。そして，これらの論点の考察から得られた解決策について，制度の視点から非営利法人の会計基準を用いてさらに検証を行う。以上の検討結果として，本書の第1の課題である現行の限定列挙方式に代わる非営利法人の新たな課税所得の選択基準を提示するものである。

　なお，この新たな選択基準においては，資本等取引と損益取引を区分する

---

[1]　前章では，対価概念を検討するためにIPSASを考察対象としたが，IPSASは収益事業課税の代替案として提言されたものでも，収益事業の解釈を示すものでもないことから除外している。

ための「コアとなる資本」（金子［2009］，17頁）の概念が問題となる。周知のように非営利組織には企業会計でいう持分権者は存在しないが，資本等取引と損益取引の区分が法人税法22条において求められている以上，何らかの形で資本を規定しなければ所得は計算できないはずだからである。では，非営利組織の本質に根ざした資本概念とはどのようなものであるのか。このことについては第5章において検討するものである。

2 非営利法人の組織的な特徴から導出される収益事業課税の検討事項

　前述のように，現行の限定列挙方式は場当たり的であり，非営利組織の本質的な特徴に根ざしたものとなっていないことから，本章では非営利組織の根本に立ち返った理論的な検討を行うが，その際に最も参考になるのがSFAC第4号であると考える。何故ならば，非営利法人と営利法人との共通性や非営利法人における公益活動と収益獲得活動との混在について，SFAC第4号は詳細な検討を加えているからである。これらの点は収益事業課税を考えるうえで避けては通れない論点である。本章は，わが国の非営利法人の収益事業課税を対象とするものではあるが，この本質的・理論的な検討は特定の国や制度に限定されるものではない。したがって，この問題を現時点において最も包括的に検討した文献と考えられるSFAC第4号を手掛かりとしながらみていくことにしたい。

　SFAC第4号では，そして本書で考える非営利組織の本質的（組織的）な特徴について，a.経済的な見返りを期待しない資源提供者からの相当額の資源を受領すること，b.利益を得て財貨やサービスを提供すること以外に活動目的があること，c.売却や譲渡等が可能な所有主請求権及び残余財産請求権が存在しないこと（par.6），の3点を挙げている。

　このうちのa.とb.の特徴から，非営利組織は反対給付なしに資金を受領する活動（a）と，利益を得て行う活動以外の活動，即ち，非営利組織の役務提供先である資源の受益者に対して無償ないしは低廉な価格（以下，無償と

いう）で財やサービスを提供する活動（b），との関係性について検討する必要性が生じるのである（収益事業課税の第1の検討事項）。さらに，b.の特徴から，非営利組織は無償による財やサービスの提供と，利益を得て行う活動とを同時に行いうることになる。そのため，非営利組織が無償で受領した資金に着目すると，それが①回収を目的とせずに財やサービスの提供により消費される活動と，②回収・再投下を目的とした営利活動の双方に供されていることを意味している。それ故，非営利法人の資金の循環過程について検討する必要があることになる（収益事業課税の第2の検討事項）。これら2つの検討事項は，本書の第1の課題である現行の限定列挙方式に代わる収益事業課税における新たな課税所得の選択基準を提示するための必須の要件である。

　さらに，SFAC第4号は，非営利組織の特徴の1つとして所有主請求権及び残余財産請求権が存在しない（c）旨を指摘していることから，非営利組織は持分（資本）を有しないことになる。しかしながら，非営利組織の所得に課税するためには資本の概念は必須である。そのため，非営利法人が利益（所得）計算を行う際の会計主体論及びそこから導出される資本概念についても検討しなければならないのである（収益事業課税の第3の検討事項）。

　このように，検討事項は3つあるが，最終的には第3の検討事項（資本概念）に帰着する。この第3の検討事項については，第1及び第2の検討事項を解決してはじめて解明できるため，本章ではまず第1及び第2の検討事項に焦点を絞って考察を行う。

（1）無償により受領した資金とその利用との関係性（第1の検討事項）

　反対給付なしに資金を受領した場合の処理について，それが非営利法人の特徴を反映するものか否かを考えるには，企業会計（財務会計）における取扱と比較することが有用である。何故ならば，企業会計は通常，営利法人を対象としているために，非営利法人との差異を顕在化させることができるからである。そこで，以下では，無償による受領資金の典型例として国庫補助金を取り上げることにしたい。

44

1）営利法人における国庫補助金の処理

　営利法人を対象とする国庫補助金について，わが国では1974年の改正前までは『企業会計原則』において資本剰余金とされていたが，現在，同注解24（圧縮記帳）にみられるように国庫補助金は利益であることを前提として法人税法との調整を図っている。さらには，2017年度に公表された『企業会計基準第5号』において，「なお，資本剰余金には，（1）株主からの払込資本を表す払込剰余金のほか，（2）贈与により発生する剰余金（資本的支出に充てた国庫補助金等）や，（3）資本修正により発生する剰余金（貨幣価値変動に伴う固定資産の評価替等）を含むとの考えがある。現状では，（2）については実際上ほとんど採用されていないと思われ，（3）は我が国の現行の制度上生ずる余地がない。したがって，これらの論点については，本会計基準では検討の対象とはしていない。」（37項）とされ，国庫補助金を資本剰余金とする処理について検討対象から除外されているのである。

　次に，わが国の会計基準とのコンバージェンスの取組みを進めているIFRSの規定をみてみたい。

　国際会計基準（International Accounting Standards：IAS）第20号（IASB[2001a]）では，政府補助金の会計処理には，資産に関する補助金は（a）企業が補助金の付帯条件（conditions）を遵守すること，（b）補助金が受領されることについて合理的な保証が得られるまで認識してはならないと規定する（par.7）。そして，「政府補助金は，補助金で補償することを意図している関連コストを企業が費用として認識する期間にわたって，規則的に純損益に認識しなければならない。」（par.12）とし，関連するコストと対応させて補助金損益を認識するものとしている。これに対して，IAS第41号（IASB[2001b]）では，農業活動に関連する会計処理を対象として，「無条件の政府補助金は，政府補助金を受け取ることになった時に，かつ，その時においてのみ純損益に認識しなければならない」（par.34）が，しかし「条件付である場合（政府補助金が企業に特定の農業活動に従事しないことを要求している場合を含む）には，当該企業は，当該付帯条件が満たされているときに，かつ，

そのときにのみ政府補助金を純損益に認識しなければならない」（par.35）として，付帯条件が満たされれば補助金損益を認識するものとしている。

　以上，営利法人を対象とする国庫補助金について，わが国では1974年の改正前までは『企業会計原則』において資本剰余金とされていたが，現在，制度的には国庫補助金が利益であることを前提として，法人税法との調整を図っている。そして，『企業会計基準第5号』では，国庫補助金を資本剰余金とする処理について検討対象から除外しているのである。さらに，IFRSでは，付帯条件が満たされた時点か，あるいは関連するコストと対応させるかの違いがあるものの，国庫補助金は利益として処理されているのである。それ故，営利法人では，反対給付なしに受領した資金とその利用との関係性について，付帯条件がある場合にはこれを考慮するが最終的には収益として一本化されるため，資源提供者によって拠出された資金がそれぞれの目的に沿って拘束されていた場合でも，財務諸表を拘束の類型別に区分表示することは想定していないことが明らかとなった。

2）非営利法人における国庫補助金の処理

　わが国の非営利組織分野には，統一的な会計基準が設定されていないため，典型例としてプライベートセクターから公益法人会計基準，パブリックセクターから独法基準を取り上げ，共通する特徴を抽出したい。

　公益法人会計基準では，貸借対照表を資産の部，負債の部及び正味財産の部に分け，正味財産の部をさらに指定正味財産及び一般正味財産に区分している（第2，2）。このうち，指定正味財産の区分には「寄付によって受け入れた資産で，寄付者等の意思により当該資産の使途について制約が課されている場合には，当該受け入れた資産の額」（注解，注6）が記載され，一般正味財産の区分には，寄付によって受け入れた資産のうちで寄付者との意思による制約が課されていない額が記載される。また，借方側の資産は，一定目的のために保有する目的拘束財産がある場合，「固定資産を基本財産，特定資産及びその他の固定資産に区分」（注解，注4，1）したうえで，「寄付によ

って受入れた資産で，その額が指定正味財産に計上されるものについては，基本財産又は特定資産の区分に記載する」（同，注4，2）とし，貸方の正味財産と借方の基本財産，特定資産との結合・連携が図られている。なお，注解，注6では寄付を例にとっているが，補助金についても同様であり貸方側についていえば，「法人が国又は地方公共団体等から補助金等を受け入れた場合，原則として，その受入額を受取補助金等として指定正味財産増減の部に記載し，補助金等の目的たる支出が行われるのに応じて当該金額を指定正味財産から一般正味財産に振り替えるものとする。」（注解，13）と規定し，原則，受け入れ時には指定正味財産に計上し，目的たる支出が行われることにより使途が解除された場合には，一般正味財産に再区分されるとしている。

　他方，独法基準では，第18において「独立行政法人の純資産とは，資産から負債を控除した額に相当するものであり，独立行政法人の会計上の財産的基礎及び業務に関連し発生した剰余金から構成されるものをい」い，「純資産は，資本金，資本剰余金及び利益剰余金に分類される。」と規定している。ここにいう，「会計上の財産的基礎」とは，「政府等からの出資のほか，出資と同じく業務を確実に実施するために独立行政法人に財源措置されたものであり，独立行政法人の拠出者の意図や取得資産の内容等が勘案されたものをいう。」（注解，注11）としている。つまり，国庫補助金のみならず拠出された資金については拠出者の意図と取得された資産との結び付きから，無償により受領した資金とその利用との関係性について規定している。さらに，同基準では当該法人の意図によって，拠出された資金が会計上の財産的基礎（資本剰余金）を構成するか否かの判断がなされるところに大きな特徴がある（注解，注12）。

　以上，無償により受領した資金とその利用との関係性（第1の検討事項）の視点から，国庫補助金を例にとり考察した。その結果，営利法人では財務諸表を資源提供者の意図（拘束）別に区分表示することは想定されていないのに対し，対象とした非営利法人の会計基準においては，外的要因による資源の拘束性の違いを純資産の表示に反映させる方式が採用されていた。この非営利法人の会計基準に共通する特徴は，「純資産の区分表示に利用する使

途制約の要因は，資源提供者から指定される場合や法規制に基づき資源保全が求められる場合を含めた，組織の意思を越えた外的要因に基づく制約が存在するか否かにより純資産が区分表示されることが情報利用者のニーズに沿うものである」（日本公認会計士協会［2016a］，1.9項）と考えられるからである。もとより，法人税法上の収益事業課税において必要とされる要件と，受託責任を含む非営利組織会計の「情報利用者のニーズ」との一致を期待できるものではないが，法規制によって資源の保全が求められている金額を課税対象とすることは，法律間の矛盾・対立を生むことになるため避けなければならない。同様に，「資源提供者から（の）指定」についてもその内容を検討することにより，「法規制」に準じたものとして課税対象から除外されうるものと考えられるのである。

　それ故，わが国における非営利法人の組織的な特徴に即した課税を行うためには，無償により受領した資金とその利用とを結び付けて（別言すれば，資源の拘束性に着目して），課税対象を選択しなければならないと考えるのである。

（2）非営利法人における資金の循環過程（第2の検討事項）

　非営利法人は，公益事業を行うことを主たる目的とするが，例えば「公共的な性格を有し，利益の獲得を目的とせず，独立採算制を前提としないなどの特殊性」（会計検査院［2012］，第4，1（2））を有する独立行政法人においても，自己収入の獲得が目指されている。ここで自己収入とは，「運営費交付金及び国又は地方公共団体からの補助金等に基づく収益以外の収益」（独法基準 注解，注43，1）をいうのである。そこで，補助金等に依存せずに収入によって支出が賄える自己収入活動と，無償による給付活動とを同時に営む非営利法人においては，醍醐［1981］のいう，「支出（費用）の投入によって稼得される収入（収益）で原価を回収するとともに，それを再投下して事業を継続するという収支の因果的な循環運動」（3頁）とこのような循環運動から切断され収入に始まって支出で終わる「収支の非因果的な片道運動」

（3頁）との区分が重要となる[2]。

　何故ならば，このような非営利法人が持つ特徴的な資金の循環過程は，課税対象を識別するための有用な手段となりうるからである。即ち，前者（収支の因果的な循環運動（以下，循環運動という））については，自己収入という「循環運動」から生じる余剰分を課税対象とすることにより，組織の再生産を阻害することなく税収を確保することが可能となるからである。また，後者（収支の非因果的な片道運動（以下，片道運動という））は，無償による給付活動に要する支出を資源提供者から得た収入によって賄うものであり，この収入に課税することは法人の主たる活動である公益活動のみならず，法人の存続それ自体を危うくするため，課税対象から除外されうると考えられるからである。これは非営利法人であれば，学校法人であろうが，公益法人であろうが，あるいは独立行政法人であろうが，変わるところはない。

　以上のように，収益事業課税の第2の検討事項については，非営利法人が自己収入活動と無償による給付活動とを同時に行っている場合，その活動に伴う資金の循環過程の差異に着目する必要があると考えるのである。同時に，前記「（1）」（第1の検討事項）で考察したように，調達した資金はその利用と結び付けて理解されなければならないことから，第1の検討事項と第2の検討事項を結合させたマトリクスが**図表2-1**である。

図表2-1　資金の獲得形態と資金の循環過程との関係

資金の獲得形態（自己収入）	収支の因果的な循環運動
資金の獲得形態（寄附金・補助金等）	収支の非因果的な片道運動

出典：筆者作成

2　小西［2017］は，醍醐［1981］の「循環運動」と「片道運動」をキャッシュ変換サイクルの視点から説明している。即ち，「タイプAの非営利組織は，主に，投下資本によって市場から獲得される自己収入で原価を回収し，さらに事業に再投下するという因果関連的な循環運動が行われるキャッシュ変換サイクルを有し，タイプBの非営利組織は，主に，国からの財源措置等を収入として，この範囲内で支出を行う非因果的な片道運動が行われるキャッシュ変換サイクルを有する。」（小西［2017］，12頁）としている。

3 非営利法人の会計規定からみた課税所得の選択基準

　前節（「2.」）では，SFAC第4号に示された非営利組織の本質的（組織的）な特徴を手掛かりとした考察により，非営利組織においては無償により資金を受領する活動とその使途，即ち，「循環運動」と「片道運動」とが相互に密接に関連しているとの結論に達した。そこで，本節では，財務省の「公益法人などに対する課税に関する資料」（財務省［2022a］）において紹介されている主要な非営利法人の中から，NPO法人，学校法人，公益法人，そして独立行政法人を取り上げ[3]，資金の調達源泉と当該資金の使途との関係が会計規定の中でどのように定められているかをみることにしたい。なお，その際，調達した資金を最終的に資本とするか損益とするかの規定についても確認し，第3の検討事項（資本概念）を考察するための足掛かりを得たい。何故ならば，法人税法の課税標準は所得の金額であり（法法21），その算定に当たり資本等取引から生じる金額は益金及び損金の額から除外される（法法22条2項，3項）。つまり，法人税法では，資本等取引に該当する取引については課税対象とはならないため，特定の資金調達が資本等取引となるか損益取引となるかの区分は，新たな課税所得の選択基準を考えるためには不可欠な判断基準となるからである。

3　財務省の「公益法人などに対する課税に関する資料」（財務省［2022a］）において，収益事業課税が適用される主な法人が紹介されている。その区分は，①「公益財産法人，公益社団法人」，②「学校法人，更生保護法人，社会福祉法人」，③「宗教法人，独立行政法人，日本赤十字社」，④「認定NPO法人，特例認定NPO法人」，⑤「非営利型の公益財産法人，公益社団法人，NPO法人」，⑥「一般社団法人，一般財団法人」である。この区分から，非課税などの適用のない⑥，並びに①及び④と重複する⑤を除き，①はまとめて公益法人，②は①の公益法人と②の学校法人の重複的な法人である社会福祉法人を対象外として特徴的な制度を持つ学校法人，③は非営利法人のうち唯一資本概念を定めている独立行政法人，④はまとめてNPO法人，を選択している。これら4法人を選択することによって非営利法人の会計基準の特徴を網羅できるものと考える。

非営利組織の本質的な特徴に基づいた課税所得の選択基準　**第2章**

（1）会計基準における反対給付なしに受領した資金とその利用方法

　NPO法人会計基準では，経常収益について，「NPO法人の通常の活動から生じる収益で，受取会費，受取寄付金，受取助成金等，事業収益及びその他収益等に区分して表示する。」（同注解，注1，2）としており，このうち反対給付なしに受領した資金は寄付金と助成金等（「等」には補助金が含まれる（別表1））の2つが示されている。

　次に，学校法人会計基準では，収入を「学生生徒等納付金収入，手数料収入，寄付金収入，補助金収入，資産売却収入，付随事業・収益事業収入，受取利息・配当金収入，雑収入，借入金等収入，前受金収入，その他の収入」（別表第1）の11種類に区分して表示するものとしている。このうち，本章では反対給付なしに受領した資金を対象としていることから，寄付金収入と補助金収入の2つが該当することになる。

　さらに，公益法人会計基準は，指定寄付金の増加原因（大科目）として「受取補助金等，受取負担金，受取寄付金，固定資産受贈益，基本財産評価益等，特定資産評価益等」が掲げられている。なお，負担金については，同会計基準注解の注13における補助金等に含まれる（公益法人会計基準運用指針10）ことから，反対給付なしに受領した資金は補助金等と寄付金の2種類となる。

　最後に，法人税法「別表第二　公益法人等の表」に記載された独法行政法人の会計基準では[4]，「出資」（第19），「施設費」「補助金等」「運営費交付金」「寄附金」（注解，注12）の5つが反対給付なしに受領した資金となる。

　以上のように，NPO法人，学校法人，公益法人，そして独立行政法人を例にとり，これらの会計規定の中で定められている反対給付のない資金源泉についてみてきた。その結果，4種の法人に共通しているのは補助金等（NPO法人会計基準では補助金を含む「助成金等」の名称）と寄附（付）金である。さらに，独法基準では，これらに加え出資，施設費，運営費交付金が示されていたことを確認した。

4　独立行政法人には，この他「別表第一　公共法人の表」に掲載される独立行政法人が存在する。

次に**図表2-1**の資金源泉（獲得形態）とその使途との関係について検討を行うが，その際には，補助金，寄附金を含む多様な資金源泉を規定する独法基準を対象にすることで，より広範で詳細な分析を行うことが可能となる。そこで以下では，独法基準の区分に従って確認することにしたい[5]。なお，独立行政法人は，独法基準が資産から負債を差し引いた差額について，これを資本金，資本剰余金，利益剰余金等（第57）として区分する非営利法人であることに留意する必要がある。何故ならば，他の非営利法人においては，それぞれ何らかの形で資本は規定されているものの，「コアとなる資本」（金子[2009]，17頁）が明確でない。その意味で，独立行政法人はいわば「特殊」な非営利法人ではあるが，だからこそ，非営利法人において資本取引と損益取引をいかに区分すべきか，何が非営利法人に共通する「コアとなる資本」なのか，あるいはそれは法人ごとに異なるべきなのか，異なるとすればどのようになるのか，を検討するうえでのベンチマークとなると考えるからである。

（2）独立行政法人の5つの資金源泉に基づいた課税所得の選択基準

1）出資

　独法基準では，「資本金とは，独立行政法人の会計上の財産的基礎であって，独立行政法人に対する出資を財源とする払込資本に相当する」（第19，1）ことから，出資によって提供された資金は資本金として処理される。独立行政法人は，「各府省の行政活動から政策の実施部門のうち一定の事務・事業を分離し，これを担当する機関に独立の法人格を与えて，業務の質の向上や

---

[5]　独法基準の5つの資金源泉について分析した先行研究として，樋沢[2018]を挙げることができる。樋沢[2018]は，独法基準における資本取引と損益取引の区分の特徴として次のように述べている。「資金拠出者の意図によって，資金流入を，投下資本によって市場から獲得される収入で原価を回収し，さらに事業に再投下するという因果関連的な循環運動が行われる収支構造（以下，キャッシュ変換サイクル（A））と資金拠出者からの財源措置を収入として，この範囲内で支出を行う非因果的な片道運動が行われる収支構造（以下，キャッシュ変換サイクル（B））に区分（小西[2017]，7）したうえで，それぞれの資金収支構造において，資本取引と損益取引を区分している。」（25頁）。そして，キャッシュ変換サイクル（A）を「資金調達プロセス」と「資金回収プロセス」に，キャッシュ変換サイクル（B）を「資金維持目的」と「資金支出目的」に区分し，一覧表にまとめている（28頁）。

活性化，効率性の向上，自律的な運営，透明性の向上を図ることを目的」（総務省 Web ページ［2012］，「独立行政法人制度等」）として制度設計された法人である。そこで，出資された資金は，行政機関の一部を代行する公益性の高い活動に使用されるため，原則として「片道運動」に投入される。しかしながら，独立行政法人も自己収入を否定されるわけではないが故に，「特定の事業に係る費用（例えば委託研究費等）の支出として使用するため」（会計検査院［2013］，図表5③）に，つまり，自己収入獲得のために出資が行われた場合は，「循環運動」に利用されることになる。

　それ故，出資は会計上の財産的基礎であるため資本取引であり，これにより提供された資金は「片道運動」と「循環運動」において利用されることになる。

2）施設費

　「独立行政法人における施設費は，国から拠出された対象資産の購入を行うまでは，その使途が特定された財源として，預り施設費として負債に整理する。」（注解，注62，1）とされていることから，施設費は原則として固定資産の購入・整備に使用することが求められる。また，「独立行政法人の会計上の財産的基礎となる固定資産の取得については，出資による方法と施設費による方法が予定されて（いる）」（総務省行政管理局［2024］「『独立行政法人会計基準』及び『独立行政法人会計基準注解』に関するQ&A」（以下，本章ではQ&Aという）Q83-2，A）ため，出資と同様（出資は資本金であるのに対し，施設費は資本剰余金として処理される点に違いがある），「片道運動」と「循環運動」の施設整備に使用されることになる。しかし，「施設費を財源として固定資産を取得した場合であって，当該支出のうち固定資産の取得原価を構成しない支出については，当期の費用として処理することとなるが，この場合の施設費の会計処理については，費用相当額は，施設費収益の科目により収益認識を行い，資本剰余金への振替は行わないことになる」（Q&A Q82-1，A1）。つまり，固定資産の修繕等に充てた場合には，資本剰余金への振

り替えを行わないために収益とされるのである。

このように，施設費は「片道運動」と「循環運動」のいずれにおいても使用されるのであり，それが会計上の財産的基礎となる場合（資本取引）と修繕費等への支出に充てられる場合（損益取引）とに区分されることになる。

3）補助金等

補助金等とは「独立行政法人が行う業務のうち，特定の事務事業に対して交付されるものである」（Q&A Q83-3，A1）ため，「片道運動」から生じる経費に対する財源措置であるが，例外的に「非償却資産を取得した場合」には，独立行政法人の会計上の財産的基礎を構成することから資本剰余金として処理される（注解，注12）。なお，「補助金等が既に実施された業務の財源を補填するために精算交付された場合」（注解，注63），例えば貸倒引当金繰入額の補填（注解，注64）が行われた場合には，限定的に「循環運動」の損益取引に利用可能と考えられる。

このように，受領した補助金等は原則「片道運動」の経費補填に充てられる。そこで，非償却資産の取得（資本取引）は，「片道運動」においても例外的であるため，さらにその例外として「循環運動」において非償却資産を取得することは認められないものと解される。

4）運営費交付金

運営費交付金について，「独立行政法人改革等に関する基本的な方針」（閣議決定［2014］，6頁）によると，独立行政法人の財務運営の適正化，説明責任・透明性，経営努力の促進について，その具体的な手段の1つとして「法人の増収意欲を増加させるため，自己収入の増加が見込まれる場合には，運営費交付金の要求時に，これにより，当該経費に充てる額を運営費交付金の要求額の算定に当たり減額しないこととする。」としている。つまり，運営費交付金は自己収入を増加させるなど経営努力の促進を担う分野である「循環運動」と，本来の公益活動である「片道運動」に用いられる経費に対する

財源措置である。但し，例外的に，「運営費交付金により非償却資産を取得した場合」には資本剰余金として処理されることになる（注解，注12）。

このように，運営費交付金は「循環運動」と「片道運動」の業務の運営（損益取引）に充てられる財源措置であるが，使途を特定しない「渡し切り」の財源（中央省庁等改革推進本部決定［1999］Ⅲ 独立行政法人制度関連 21.財源措置（3））である点で補助金等と異なっている。また，例外的な非償却資産の取得（資本取引）に充てることができるのは，補助金等と同様に「片道運動」のみと考えられる。

5）寄附金

寄附金は，「寄附者が独立行政法人の業務の実施を財政的に支援する目的で出えんするもの」（Q&A 16-2，A1）であるため，「循環運動」，「片道運動」のいずれの業務に関係するものであるかを問わない。それ故，寄附金の使用方法が多岐にわたることから次の4つに区分できると考える。

1つには，民間出えんを中期計画等に従って独立行政法人の財産的基礎に充てる目的で募った場合には，「独立行政法人の会計上の財産的基礎を構成すると認められることから，資本剰余金として計上する」（注解，注13）。2つ目に，寄附者がその使途を特定した場合，それが「中期計画等の想定の範囲内で，寄附金により，寄附者の意図に従い（略）非償却資産を取得した場合」には資本剰余金として処理される（注解，注12，2（5）。第85，2（1））。3つ目に，中期計画等の範囲内で，独立行政法人が自ら使途を特定した寄附金によって非償却資産を取得した場合には，資本剰余金に振り替えられる（注解，注66）。最後に，上記3つの区分において資本剰余金に該当しない場合や「寄附者や独立行政法人が寄附金について何らその使途を特定しなかった場合において」は，「企業会計の慣行に立ち返り，寄附金は当該事業年度の収益として計上されることとなる」（Q&A 85-7，A）。

このように，寄附金は募集時における寄附者又は受領した法人の意図とその取得資産の性質に応じて，それが「循環運動」，「片道運動」のそれぞれに

おいて会計上の財産的基礎を構成する場合には資本剰余金として処理（資本取引）され，それ以外については収益に計上（損益取引）されるのである。

　以上，**図表2-1**の資金源泉（獲得形態）とその使途について，独法基準の５つの資金源泉ごとに，それが「循環運動」及び「片道運動」の区分並びに資本取引及び損益取引の区分のいずれに属するのかを検討した。その結果をまとめたものが**図表2-2**である。

　この**図表2-2**から明らかになることは３点ある。１つには，収益事業課税の第１の検討事項に対する解決策，即ち，非営利法人の活動に即した課税を行うためには，資金源泉とその投下形態とを結び付けて（資金の拘束性に着目して）対象を決定しなければならないとの方策について，独法基準においても５つの資金源泉ごとにその利用方法が規定されていることを確認できたのである。２つ目として，非営利法人が持つ特徴的な資金の循環過程を「循環運動」と「片道運動」とに区分することが，課税対象を識別するための有用な手段となりうるとした収益事業課税の第２の検討事項に対する解決策について，独法基準においても補助金等と運営費交付金に典型的にみられるよ

図表2-2　５つの資金源泉とその使途及び資本取引・損益取引との関係

資金源泉		損益取引	資本取引	資金の使途
資金の 獲得形態	出資	＼	○	収支の因果的な循環運動
	施設費	○	○	
	補助金等	○	＼	
	運営費交付金	○	＼	
	寄附金	○	○	
	出資	＼	○	収支の非因果的な片道運動
	施設費	○	○	
	補助金等	○	○	
	運営費交付金	○	○	
	寄附金	○	○	

注：「○」は資金源泉が利用可能であり，「＼」は利用できないことを表す。
出典：筆者作成

うに[6]，「循環運動」（自己収入活動）と「片道運動」（無償による給付活動）の区分によって利用方法に差を設けていることが確認できたのである。3つ目として，法人税法では，資本等取引に該当する取引については課税対象とはならないため，特定の資金調達が資本取引となるか損益取引となるかの区分は，新たな課税所得の選択基準を考えるためには不可欠な判断基準となるが，独法基準においては5つの資金源泉ごとに資本取引と損益取引とを明確に区分していることが確認できたのである。

4 おわりに

　このように，本章では非営利法人に対する収益事業課税について現行の課税対象範囲を限定列挙する方式に代わる，新たな課税所得の選択基準の策定を目的とした。そのために，SFAC第4号に示された非営利組織の本質的（組織的）な特徴を手掛かりとして，そこから導出される収益事業課税の検討事項について考察した。

　その結果，無償により受領した資金とその利用との関係性（収益事業課税の第1の検討事項）については，非営利法人の活動に即した課税を行うためには，資金源泉とその投下形態とを結び付けて（資金の拘束性に着目して），対象を決定しなければならないとの解決策を示した。そして，この解決策との関係から，受領された資金を非営利法人がどのような活動に（拘束的に）使用しているのかという資金の循環過程（収益事業課税の第2の検討事項）について考察した。その結果，非営利法人が持つ特徴的な資金の循環過程を「循環運動」と「片道運動」とに区分することが，課税対象を識別するための有用な手段となりうるとの解決策を提示した。何故ならば，前者については「循環運動」から生じる余剰分を課税対象とすることにより，組織の再生産を阻

6　**図表2-2**では表示していないが，本文において述べたとおり，独法基準では補助金等と運営費交付金以外の資金源泉についても，「循環運動」と「片道運動」のいずれが原則的な使途であるのかについて規定している。

害することなく税収を確保することが可能となるからである。また，後者は回収を目的としない「片道運動」，即ち，無償ないしは低廉な代価によって行う給付活動に投下された資金であるため，仮にこの資金に課税した場合には，法人の中心的な活動である公益活動のみならず，法人それ自体の存続を危うくする可能性があるからである。

それ故，第1の検討事項に対する解決策（資金の拘束性に着目して課税対象を選択すべきこと）から，現状では無償により譲受した寄附金等が課税対象となり，当該資源提供者の意図が妨げられるという問題に対してその対応がなされること。そして，第2の検討事項に対する解決策（資金の循環過程の差異に着目して課税対象を選択すべきこと）は，新たな収益事業の範囲（課税所得の選択基準）を示すものであるため，現行規定に起因する収益事業課税範囲の不明確さを払拭しうることになるのである。

以上のことから，本章の考察の結論として，第1及び第2の検討事項の視点に法人税法22条において規定されている資本等取引と損益取引との区分を加えたマトリクス（**図表2-3**）により，本書の第1の課題である非営利法人の新たな課税所得の選択基準を提示しえたのである。

最後に，法的視点からこの新たな課税所得の選択基準の意義について触れておきたい。即ち，現行の限定列挙方式における定義が外延的定義であることから，「これは『法』の定義のばあい，明らかに不適切な方法である。」（碧海［1973］，63-64頁）と批判されている。そこで，本章で提示した新たな課

図表2-3　非営利法人の課税所得の選択基準

資金の獲得形態	損益取引	資本等取引	資金の使途
自己収入	課税対象	課税対象外	収支の因果的な循環運動
寄附金・補助金等	課税対象	課税対象外	
	課税対象外	課税対象外	収支の非因果的な片道運動

出典：筆者作成

税所得の選択基準が，法人税法の目的や思考，公平な課税に対してどのような意義を有しているかという租税法の基本的な問題に関連させて言及しておきたい。

　法人税法1条では，法の趣旨を「納税義務の適正な履行を確保する」と規定している。そのためには，①租税法律主義に従い，②担税力に即した，③公平な課税を行うことが求められると考えられる。そこで，本章では，法律の定義としては不適切な現行の限定列挙方式に代わる新たな課税所得の選択基準を示すことで，①の租税法律主義（課税要件明確主義）の要請に応えようとするものである。そして，この新たな選択基準を，「受領資金とその利用の関係性」と「資金の循環過程」から導出することにより，資金の「循環運動」から生じる余剰分を課税対象とし，消費活動のみの「片道運動」を課税対象から除外することにより，②の担税力に即した課税を可能にするものである。さらに，循環運動のみを行う営利法人は法人所得のすべてに課税されることから，非営利法人が同様の活動（循環運動）を行った場合には同様の課税がなされることになり，③の公平な課税の実現に資するものと考えるのである。

第 3 章

法人税法の規定における
会計主体論

1 はじめに

　前章では，非営利法人の収益事業課税における限定列挙方式の問題点を解決するために，SFAC第4号（FASB［1980］）に示された非営利組織体の組織的な特徴のうちの第1及び第2の特徴（検討事項）を手掛かりとして，現行の限定列挙方式に代わる新たな課税所得の選択基準を提示した。

　そこで，本章及び次章では残された第3の特徴（検討事項）に基づいた非営利法人の収益事業課税において必要な資本概念を導出するための会計主体論を考察の対象とする。このうち本章では，法人税法の規定に即しながら非営利法人の収益事業課税における会計主体論について検討する。

　そのためにまず，法人税法に定められた会計主体論とは何かについて代表的な会計主体論を検討する。しかし，非営利法人をどのような意味内容を持つものとして理解するかにより，法人税法がとる会計主体論との間に齟齬が生じる可能性がある。そこで，本書では内容の検討をしないまま法人税法別表第二に掲げる法人を非営利法人としていたため，改めて非営利法人の意味内容について整理する必要がある。このような解釈論的な検討とともに，収益事業の課税所得計算を実質的に定める通達を確認することにより，非営利法人の収益事業課税における会計主体論がどのように規定されているのかについて具体的にみていきたい。

2 企業会計における会計主体論と法人税法との関係

（1）会計主体論の意義

　法人税は，「法人の企業活動により得られる所得に対して課される税」（財務省［2022b］）であるため，「営利事業から生じた利益に対する税と考えることができるが，そういう点からすると，法人税における所得は，基本的に

は，企業会計における利益と同じものと考えられる」（朝長［2006］，369頁）。
つまり，営利事業を行う企業は，「投下資本に企業努力の結晶である利益が
加わった額の貨幣または貨幣等価物を回収するように努める」（飯野［1994］，
2-5頁）のである。そこで，企業会計では，この資本の循環過程において「投
下資本に利益を加えて回収される貨幣等が収益とよばれ，また，そのために
犠牲にされた投下資本が費用とよばれ」（同，2-5頁），収益と費用との差と
して利益が計算されるのである。その際，投下された資本と回収余剰である
利益との厳格な区分が求められるのである。何故ならば，投下資本と利益と
が混同された場合，飯野（［1994］，2-23頁）によれば，①企業の利益が過大
又は過少に表され，②特に，資本を利益とすれば，資本の一部が配当や法人
税などの形で企業外部に流出してしまい，単純再生産はおろか，縮小再生産
の過程をたどらざるをえなくなるからである。

　しかし，仮に資本と利益とが厳格に区分されたとしても，資本の意味内容
（概念）それ自体が異なっていた場合，資本と利益との混同が生じることに
なる。そこで，まず「誰の立場ないしはどのような立場から，会計上の判断
を行うべきか」（飯野［1994］，1-18頁）という会計主体論が検討課題となる。
つまり，「会計主体の確立は，企業会計における基本的問題としての“資本
と利益の区分”を可能ならしめる。すなわち，先ず，利益の帰属すべき会計
主体は何であるかが決められることによって資本及び利益概念が規定される
訳であり，この意味において先ず会計主体概念の検討が必要となる。」（中田
［1961］，470頁）からである。

　そこで，企業会計上議論されてきた会計主体論についてまとめると，「①
資本主理論（proprietorship theory），②代理人理論（agency theory），③企業
主体理論（entity theory），④企業体理論（enterprise theory），⑤コマンダー
理論（commander theory），⑥資金理論（fund theory）などがある。概括的
にみると，①と②は企業と資本主との結びつきを重視する主体論であるのに
対して，③，④および⑤は両者を切離して考え，企業自体の存在を重視する
主体論であり，⑥はこのような企業観をとらずに企業会計を単に資金または

基金の動きとみる非人格的または中立的な主体論である。またこれらの主体論の発展を歴史的にみると，①および②の主体論から③ないし⑤の主体論と発展してきている。」（新井［1982］，32頁）といえるのである。

（2）法人税法における会計主体論

　これに対して，法人税法は「法人を株主等の集合体とみる法人本質観からは，株主等とそれ以外の第三者との峻別が求められ，必然的に株主等の払込資本のみが維持すべき法人の資本であると観念される。」（富岡［2010］，378頁）として，所有主理論に基づいているとされている。つまり，「資本金等の額は，『株主等から出資を受けた金額』（法法2条1項16号[1]－引用者）であると明確に定められている。資本金等の額の計算に際し，資本金の額または出資の金額に加算する14の項目（現在は12項目（法法令8条）－引用者）の金額も，当然のことながら，すべて株主等により直接または間接に拠出された払込資本としての性格を持っているものである。したがって，法人所得税務会計上の資本に，資産の評価換え等から生じる評価替剰余金および株主等以外の第三者等による贈与剰余金が含まれる余地はない。」（富岡［2010］，377頁）からである。

　しかしながら，SFAC第4号における組織的な特徴（c.）によると，非営利法人は定款等又は法令の定めにより，当該法人の社員等が当該法人の出資に係る残余財産の分配請求権又は払戻請求権を行使することができない法人であるため，出資者持分（資本）の存在を当然の前提とすることはできないと考えられる。そこで，非営利法人の収益事業課税を行う法人税法では富岡［2010］のいうように所有主理論ではなく，非営利法人を包摂する何らかの会計主体論を想定しているのか否かについて検討する必要性が生じることとなる。

1　法人税法2条1項16号は，資本金等の額を定義して「法人（各連結事業年度の連結所得に対する法人税を課される連結事業年度の連結法人（以下この条において「連結申告法人」という。）を除く。）が株主等から出資を受けた金額として政令で定める金額をいう。」と規定している。

64

このため以下では，法人税法に定められた会計主体論とは何かについて，すでに言及した所有主理論を除く代表的な会計主体論を検討する。即ち，企業と資本主とを切離し企業それ自体の存在を重視する説である企業主体理論と企業体理論，さらに，このような企業観をとらずに企業会計を単に資金又は基金の動きとみる非人格的又は中立的な主体論としての資金理論についてである。

まずは，企業の独自性を強調する理論の1つとして，企業体理論が挙げられる。これは，「企業は社会的な生産・流通機能を営む社会的・公共的な制度として存在しているという認識に基づいて，企業体をとりまく各種の利害関係者集団の保護ないし利害調整を重視し，その見地からは，伝統的な利益概念に基づく損益計算によることが不適当であり，特に付加価値概念に基づく成果配分計算によるほうが適切である」（森川［2008］，14頁）とする主張である。この理論を課税の視点からみると，現行の法人税法上の課税所得計算が，収益（益金）から費用（損金）を控除し，その過程で生じた資本等取引を除外して算定される「伝統的な利益概念に基づく損益計算」（森川［2008］，14頁）であることから，企業体理論を法人税法上採用することは「不適当」であるといわざるをえない。別言すれば，「企業体理論的税務会計も，論理的には，付加価値会計（value added accounting）に依ることとなるから，すなわち付加価値税務会計に依ることになる」（神森［2012］，14頁）ため，企業体理論は付加価値税との親和性が高く，企業所得を課税標準とする法人税法上の主体論として想定することは適切ではないといえる。

次に，所有主理論や企業主体理論における人格性を排除した会計主体として資金（fund）概念を設定する資金理論がある。これは，「企業を資金の集合体と考えて，その資金の立場から会計理論の体系化をはかろうとする主体論である。」「会計の中に概念を資金（それは資産と持分とを統一した上位概念である）という抽象的・非人格的概念にもとめることによって，会計主体を人格から解放しようとしたところにその特徴が見い出される。」（森川［1990］，36頁）とする見解である。当該理論について，市村［1979］によれば「利益

に関心を持つ人々よりも資金そのものに会計の関心を集中することによって，利益概念に関する混乱を避け，経営活動の客観的事実の報告書（営業報告書としての資金運用表）の作成に会計機能を限定し，利害関係者集団にはそれぞれ自己の観点から，その会計情報を再構成ないし再解釈する仕事を任せてしまったのである」(187頁)。その結果，資金理論では「毎年の純利益の数字を重視し，また計算するような方法で財務諸表が作成されなければならない理由はまったくない」(酒井[2013]，85頁) ことになるのである。それ故，資金理論を課税との関係からみると，企業の所得に焦点を当てこれを課税標準とする法人税法の主体論として想定することには無理があるといえる。

　3つ目として，企業体理論とともに企業の独自性を強調する説として企業主体理論が挙げられる。これは，「企業そのものの立場を認めてかかるために，すくなくともその観点からするかぎりは，企業主（株主）と債権者，したがってまた資本と負債とは，本質的に同一の範疇に属するものとみなされる。また利益についても，配当宣言がなされるかまたは現実に分配されるかするまでは企業自体の利益とみなされることになる。」(山桝・嶌村[1973]，29頁) とする理論である。そこで，企業主体理論では負債と資本が同一の範疇に属するため，負債に対する調達コストとしての支払利息が費用と解釈されるのと同様に，支払配当金もまた株主からの資金調達に必要なコストと考えられ費用とされることになるのである[2]。

　では，企業会計と密接な関係にある法人税法においても企業主体理論を採用しているのであろうか。結論から述べるならば，支払配当金の損金不算入規定及び資本積立金[3]の規定から，企業主体理論は採用されていないといえる。即ち，法人税法22条2項，3項では資本等取引を課税所得計算から除外するものと規定しているが，ここにいう資本等取引とは，「法人の資本金等の額

2　村田[2015]は，アンソニーのいう資本コストについて「株主持分は負債と同様に外部資金源泉であるので，負債と同様に，ある利率で利子費用が発生する。これを株主持分利子という。業績によって所定利率の利子が支払われない場合には，未払分が株主持分に加算される。」(17-18頁) と説明している。

3　現在は，従前の資本積立金の概念が消滅し，「資本金の額」とともに「資本金等の額」に包摂されているため，「資本金の額」を除いた「資本金等の額」というものとして使用する。

の増加又は減少を生ずる取引並びに法人が行う利益又は剰余金の分配（資産の流動化に関する法律第115条第1項（中間配当）に規定する金銭の分配を含む。）及び残余財産の分配又は引渡しをいう」（法法22条5項）のである。そのため，配当（利益又は剰余金の分配）の支払は資本等取引に該当することから，損金の額に算入されないことになる。これに対し，企業主体理論では，支払配当金は株主からの資金調達に必要なコストと考えられ費用とされることから，これを損金として認めていない法人税法では企業主体理論を念頭に置いていないといえるのである。

　さらに，資本積立金との関係から国庫補助金に関する取扱をみてみたい。法人税法では，資本的支出に充てるため交付された国庫補助金等で交付目的に適合した固定資産を取得又は改良した場合には，その資産の帳簿価額を取得価額からその資産の取得のために支出した国庫補助金等の額を控除した金額を下らない金額に圧縮して記帳することが認められ，その圧縮記帳は所得の計算上損金に算入できる（法法42条1項，法法令79条）としている。つまり，圧縮記帳により国庫補助金の受取額と圧縮額とを相殺することによって一時的な課税を回避するとともに，これによって生じた減価償却費の減少分にかかる法人税の増加による課税の繰延べを行う制度となっている。

　これに対して，1974年の改正前の『企業会計原則』が国庫補助金を贈与剰余金として「その他の資本剰余金」に属する考え方を採用していた。これについて，武田［2004］は「企業会計原則の上では明示的ではないが，企業を株主・債権者・政府・消費者等の利害関係者集団との別個・独立の企業それ自体とみる法人実在説あるいは企業体理論の観点に立って，株主からの払込資本以外の拠出資本をも含めた広義資本概念を維持すべき資本と思念ないし観念する立場に立っている。」（510頁）からだと説明している。また，桜井［2006］は，国庫補助金を資本剰余金とみる見解を資本説と呼び，「資本説は，企業を株主から独立した別個の存在として認識する企業主体理論を基礎とする。そして国や地方自治体および消費者など，株主以外からの資金の受入であっても，それが企業資本の助成や充実を目的とする限り，元本たる資本と

して取り扱うべきであると考える。」(175頁) と述べている。それ故，国庫補助金は企業主体理論に拠れば資本剰余金とされるが，法人税法では課税の繰延べはなされるものの課税対象（＝所得）であることから企業主体理論を想定してはいないと考えられるのである。

　以上，法人税法に定められた会計主体論とは何かについて検討した。その結果，企業体理論は課税関係の視点からは付加価値税との親和性が高く，資金理論は「毎年の純利益の数字を重視し，また計算するような方法で財務諸表が作成されなければならない理由はまったくない」(酒井 [2013]，85頁) ことから，所得を課税標準とする法人税法の主体論としては適切ではないことが明らかとなった。そして，法人税法の規定上，配当の支払は資本等取引であり（法法22条5項）資本コストとして損金に算入されないこと，さらに，国庫補助金を資本等取引から除外して課税対象としていることから，法人税法では企業主体理論を採用していないと考えられる。それ故，法人税法は，所有主（持分）を有しない非営利法人を包摂する何らかの会計主体論を想定しているのか否かについては，富岡 [2010] のいうように，法人税法では所有主を会計主体とする所有主理論が妥当し，それ以外の会計主体論は想定されていないと結論付けることができるのである。

3 法人税法における法人観

　前述したように武田 [2004] は，『企業会計原則』が国庫補助金を資本剰余金とすることについて，「企業を株主・債権者・政府・消費者等の利害関係者集団との別個・独立の企業それ自体とみる法人実在説あるいは企業体理論の観点に立って，（略）」(510頁) と説明している。ここでいう「法人実在説」とは，法人税の課税根拠として法人の性質をどのように解するかという法人観の1つであり，企業会計上の主体理論と類似する概念として捉えられている。そこで，法人観が，これまで検討してきた会計主体論と同様に，「企業会計における基本的問題としての"資本と利益の区分"を可能ならしめる。」(中

田［1961］，470頁）機能を有しているのか否かについて明らかにする必要がある。

法人観は，法人擬制説と法人実在説とに区分されている。前者の法人擬制説は，「ドイツのサビィニー（1799-1861）によって提唱された考え方で，権利義務の主体は自由な意思主体である自然人に限られるべきであり，自然人以外に権利義務の主体たり得るものは，法律の力によって自然人に擬制されたものであると説く考え方である」（大淵［2012］，2-3頁）。そのため，法人擬制説は，「法人の所得とその資本主の個人所得を一体的に捉え，本来個人所得税のみで所得課税のすべての目的を達成すべきであるところ，個人所得に対する課税の補足をより合理的に行うため，法人の段階でその所得に対して暫定的に課税しようとするところに，法人税の課税根拠があるとする見解である」（品川［1982］，73頁）。

これに対して，後者の法人実在説は，「ギールケ（1841-1921）により提唱されたもので，団体は内部に秩序を有し団体としての意思を有する有機体であると論じ（有機体説），法人格は，現に実在する社会的存在に対して与えられるもので，擬制によるものではない」（大淵［2012］，3頁）とするものである。そこで，「法人の所得をその資本主の所得とは別個のものであると考え，所得を有する法人自体を納税主体として課税できるとするところに，法人税の課税根拠があるとする見解である。この見解によれば，法人税は，その転嫁を無視すれば，法人独自の負担と解することができ，その法人の資本主の所得との関係を無視することができることになる。」（品川［1982］，73頁）と説明されている。

戦後を法人税の歴史の始点にとると，シャウプ勧告（1949年）に基づいて法人擬制説が最初に導入されている。同勧告では，「根本的には法人は，与えられた事業を遂行するために作られた個人の集合の一形態に過ぎないのである。（略）法人の利益が関係株主のところで課税される限り，法人に対しては，いかなる課税も行う理由はないであろう。」（シャウプ税制研究会編［1985］，132-133頁）としており，法人擬制説という用語は使用していないが，

法人擬制説を念頭に置いていることは明らかである。さらに，「しかし法人は，このように直接に全部の利益を配当にまわさない。結局，もし法人に対しては課税されず，利益が配当されたときにのみ個人株主に課税されるならば，個人企業にくらべて法人企業が有利になるような差別待遇が生じることになる。」（シャウプ税制研究会編［1985］，133頁）として，法人擬制説をとることによる法人と個人事業者との税負担に関する不均衡に言及している。そこで，両者の公平性を確保するために，次の3つの提案を行っている。

即ち，「（1）現在と同様，各法人の純所得に対して三十五％の税を課す。（2）個人たる各株主に対しては，その個人所得税について，（1）の課税対象とされた法人から受け取る配当の二十五％相当額の税額控除を認める。（3）法人に対して，一九四九年七月一日以降に開始する課税年度の純益のなかから蓄積される留保利益合計額について，毎年一％の利子付加税を課す。」（シャウプ税制研究会編［1985］，134頁）とするものである。また，法人相互間の配当についても，「われわれは，法人の株式所有および法人相互間の配当の支払に対する特別の負担をできるだけ除くことを勧告する。法人税について，われわれは，このことが，他の課税内国法人から受けたすべての配当を法人の純課税所得から除くことによって，非常に簡単になされることを勧告する。」（シャウプ税制研究会編［1985］，146頁）として，受取配当金の益金不算入制度を提唱しているのである。

このシャウプ勧告を受けて改正された昭和25（1950）年の改正では，上に挙げた勧告のほとんどがそのまま取り入れられたが，翌年からこれをなし崩し的に変更する改正が行われたのである。即ち，昭和26（1951）年には，法人の留保利益に対して課されていた利子附加税が廃止され，昭和30（1955）年には，一律の税率適用を改め，中小法人に軽減税率を適用する二段階税率が設けられた。さらに，個人の配当控除も，当初その割合が25％とされていたが，数次の改正を経て現在その割合は2.5％～10％とされている（所得税法92条，租税特別措置法9条）。そして，法人株主の受取配当金の益金不算入制度は，当初，受取配当金のすべてが益金不算入とされていたが，現在では，

完全子法人と関連法人の受取配当金は全額益金不算入とされるが，非支配目的株式は20%，これら以外の株式に係るものは50%と規定されている（法法23条1項）。

このように，シャウプ勧告は法人擬制説を理念とする基本的な制度設計を行ったものの，その後の法令の改廃により，現在では，法人擬制説ないし法人実在説のいずれか一方によって統一的に法人税法上の法人観を説明するのは困難といわざるをえない状況にある。つまり，法人の本質（法人観）については，「法人の成り立ちをめぐる法人擬制説と法人実在説。この両説の立場から主として議論された。この経緯から，神学論争と揶揄され，未だに結論が見いだせない結果となっている。」（松村［1980］，14頁）のである。

以上，法人擬制説と法人実在説は，本来は法人の本質を問う理論ではあるが，制度的にはシャウプ勧告に始まる法人税と所得税の二重課税の調整を行う際の論拠とみなされてきた。そのため，その時々の政策の影響を受ける個別規定について，法人擬制説ないしは法人実在説それ自体からの演繹的な説明が困難な理由により「神学論争」と揶揄されているのである。それ故，現在では，法人税法における法人観は法人の本質を問う理論というよりもむしろ二重課税の調整のための論拠として援用されていることが明らかになったのである。

4 法人税法における営利・非営利の区分基準

これまでの検討から，法人税法は，所有主（持分）を有しない非営利法人を包摂する何らかの会計主体論を想定しているのではなく，富岡［2010］のいうように所有主（資本主）を会計主体とする所有主理論が妥当し，それ以外の会計主体論は想定されていないと結論付けられた。しかし，この結論は非営利法人をどのような意味内容を持つものとして理解するかにより，法人税法がとる会計主体論との間に乖離が生じる可能性がある。何故ならば，非営利法人をSFAC第4号における組織的な特徴（c.）のいうように売却や譲

渡等が可能な所有主請求権及び残余財産請求権が存在しない，つまり所有主が存在しない法人と解した場合には，所有主の存在を前提とした所有主理論との間に矛盾が生じるからである。さらに，本書では序章において内容の検討がなされないまま法人税法別表第二に掲げる法人を非営利法人としていたため，改めて非営利法人の意味内容について整理する必要がある。

（1）営利（法人）と非営利（法人）の区分基準

そのため，以下においては，法人税法がどのようなメルクマールによって非営利（法人）と営利（法人）とを区分しているのかを明らかにし，その区分基準が非課税対象である公共法人を除く普通法人，協同組合等，公益法人等及び人格のない社団等の区分と合致するのか否かについて検討したい。

法人税法では，営利法人と非営利法人とを直接定義した規定は存在しない。そこで，法人の基本法である民法をみてみると，33条1項において「法人は，この法律その他の法律の規定によらなければ，成立しない」として，法人法定主義を定めている。続いて，同条2項では「学術，技芸，慈善，祭祀，宗教その他の公益を目的とする法人，営利事業を営むことを目的とする法人その他の法人の設立，組織，運営及び管理については，この法律その他の法律の定めるところによる」としている。これに対して，旧民法34条では公益法人について「祭祀，宗教，慈善，学術，技芸其他公益ニ関スル社団又ハ財団ニシテ営利ヲ目的トセサルモノハ主務官庁ノ許可ヲ得テ之ヲ法人ト為スコトヲ得」とし，同35条1項は，「営利ヲ目的トスル社団ハ商事会社設立ノ条件ニ従ヒ之ヲ法人ト為スコトヲ得」と規定していた。つまり，旧民法上は，団体の営利目的の有無が公益法人と営利法人を区分する基準となっていたのである。しかし，現行民法では，旧民法のように公益法人と営利法人とを区分する基準（営利目的）を実定法上明示していないのである。

また，改正前の商法52条1項[4]では，会社は「商行為ヲ為スヲ業トスル目

---

4 「本法ニ於テ会社トハ商行為ヲ為スヲ業トスル目的ヲ以テ設立シタル社団ヲ謂フ」としていた。

的」で設立された社団（いわゆる商事会社）と定義されていた。続く2項[5]では，商行為を業としなくても，「営利ヲ目的トスル」社団として設立したものは，会社（いわゆる民事会社）とみなされていた。ここでは，商事会社は民事会社と異なり，特に「営利ヲ目的トスル」ことが法文上明らかにされていなかったが，商事会社が「商行為をなすことを目的」とするという要件の中に，営利目的をその前提として規定していると考えられていた。このため，会社は商事会社又は民事会社のいずれであっても，営利目的を持って設立された社団であると解されていたのである（上柳他編集［1985］，39頁）。しかし，現行会社法では，会社を「株式会社，合名会社，合資会社又は合同会社をいう」（2条1号）とし，会社が「その事業としてする行為及びその事業のためにする行為は，商行為とする」（5条）と規定しているに過ぎない。

　そこで，現行民法及び会社法では，何をもって「営利（あるいは非営利)」というかが問題となる。この点について，従来から展開されてきた，会社の営利性に関する議論が参考となる。その結論を端的にまとめるならば，通説[6]は利益分配説であり，「営利を目的とする」の解釈については，対外的な経済活動で利益を獲得し，その利益を会社の構成員である社員又は株主に分配することにある，としている。

　その根拠については，松井［2007］によると次のようにまとめることができる。①社員への利益分配は，イギリス・ドイツ・フランス等の諸外国法における社団を分類する共通の基準であること，②法が営利財団法人を認めないのは，営利法人がその得た利益を社員に分配することを要件とするためであること（＝財団には利益を分配すべき社員がいない），③公益法人が解散した場合には，残余財産の社員への分配は予定されていないが，営利法人に適用される会社規定は営利法人が利益の分配を要素とすることを推知させること，④社員への利益の分配を営利法人の要素とすることは，公益法人の設立につ

5　「営利ヲ目的トスル社団ニシテ本編ノ規定ニ依リ設立シタルモノハ商行為ヲ為スヲ業トセザルモ之ヲ会社ト看做ス」としていた。

6　江頭［2011］（19頁），龍田［2007］（50頁），落合［2010］（35頁），など多数にのぼる。

いて許可主義を採用している趣旨に適合することである。即ち，もし営利事業を営むことをもって営利法人であるとすると，営利事業を行い，その利益をすべて公益事業に供用する社団も営利法人となり，準則主義をとる会社に関する規定により自由に設立ができることになるが，そうすると，営利事業によって得た利益のすべてをもって公益法人を行う法人は通常の公益法人よりも一層乱用の危険が大きく，したがって公益法人の設立許可制にした法律の趣旨が蹂躙されてしまうこと，⑤公益法人の概念と営利法人の概念の明確化を図りうることである（松井［2007］，30-31頁）。なお，利益分配説のほかに，営利性を利益の獲得にとどめて分配の要件を含まない「利益獲得説」と，利益分配説と利益獲得説を併用する「両説併用説」とがある。

　さらに，2006年に行われた公益法人制度改革によって，一般社団・財団法において「非営利性」の意味が明確になったといえる。即ち，一般社団・財団法11条2項において，一般社団については「社員に剰余金又は残余財産の分配を受ける権利を与える旨の定款の定めは，その効力を有しない」とし，また，同法35条3項が「社員総会は，社員に剰余金を分配する旨の決議をすることができない」と規定した。このことから，一般社団法人・一般財団法人[7]は，毎期の剰余金及び解散時の残余財産の不分配という指標によって，その非営利性が明らかにされたのである。他方，会社法においては，営利法人の典型である株式会社について，定款に剰余金配当請求権及び残余財産分配請求権のいずれも与えない旨の定めを置くことは無効である（会社法105条2項）として，株式会社の営利性の指標を明確にしたのである。

　以上，法人税法では営利・非営利の区分基準について明示していないことから，法人の基本法である民法及び会社法の通説並びに一般社団・財団法11条2項，35条3項及び会社法105条2項の規定を考察した。その結果，これらの通説及び規定では，「利益及び残余財産の分配（不分配）」を基準として営利・非営利を区分していることが判明したのである。

7　松井［2007］（30-31頁）による利益分配説の説明にもあったが，財団は，財産そのものに法人格を与えられたと考えられることから，利益の分配先となる社員が存在しない。

そこで，法人税法では内国法人[8]を公共法人，公益法人等，協同組合等，人格のない社団等及び普通法人の5つに区分（法法2条5号乃至9号）することによって，納税義務や課税所得の範囲，税率等を規定している。このため，これら5つの法人のうち収益事業を含むすべての所得に課税されない公共法人を除く4つの法人について，上記「利益及び残余財産の分配（不分配）」の基準を当てはめその整合性について検討したい。

（2）区分基準の整合性－普通法人と協同組合等

まず，普通法人であるが，前述したように，株式会社について剰余金配当請求権及び残余財産分配請求権のいずれも与えない旨の定款の定めは無効[9]であるとしていた（会社法105条2項）ことから，営利法人に区分できる。なお，一般社団・財団法において公益認定がなされず，かつ非営利型法人（法法2条九の二）以外の一般社団法人については，残余財産を社員に分配することを定款に定めてはならないが（一般社団・財団法11条2項），清算時の残余財産については社員総会の決議によって社員に分配できる（同239条2項）ことから，株式会社と同様に営利法人に分類される。

次に，協同組合等については，法人税法別表第三において掲記されている。これらの法人を構成する「組合」[10]及び「金庫」は，剰余金の配当請求権及び残余財産の分配請求権[11]が各根拠法規に定められている。それ故，「剰余金およびその残余財産としての分配」が可能であることから，営利法人に属することになる。

8　本書では，外国法人については取り扱わない。

9　同法では「権利の全部を与えない旨の定款の定めは，その効力を有しない」と規定していることから，どちらか1つ（例えば剰余金の配当）を行わない旨を定款に定めることは，少なくても理論的には可能と思われるが，本書研究では論議しないこととする。

10　但し，たばこ耕作組合及び内航海運組合については非出資の賦課金団体（たばこ耕作組合法11条，内航海運組合法22条）であるために，剰余金の分配については規定されていない。

11　「組合」及び「金庫」のすべてについて，会社法502条（債務の弁済前における残余財産の分配の制限）を準用することで，残余財産が分配可能であることを規定している（例えば，消費生活協同組合法73条，信用金庫法63条等々）。

なお，協同組合等に関する剰余金の分配についてさらに詳細に述べるなら
ば，分配規定によって2種類に区分される。即ち，①「出資組合は，損失を
てん補し，前条第一項の準備金を控除した後でなければ，剰余金の配当をし
てはならない」（生活衛生関係営業の運営の適正化及び振興に関する法律49条の5）
とする規定と，②「出資組合の剰余金の配当は，事業年度終了の日における
農林水産省令で定める方法により算定される純資産の額から次に掲げる金額
を控除して得た額を限度として行うことができる。

一　出資総額

二　前条第一項の利益準備金及び同条第三項の資本準備金の額

三　前条第一項の規定によりその事業年度に積み立てなければならない利
　　益準備金の額

四　前条第七項の繰越金の額

五　その他農林水産省令で定める額」（農業協同組合法52条）とする方法で
　　ある。

　前者（①）に類する規定は，商工組合（中小企業団体の組織に関する法律5
条20），消費生活協同組合（同法52条，但し，剰余金の割戻しという），商店街
振興組合（同法69条），森林組合（同法69条），生産森林組合（森林組合法99条），
中小企業等協同組合（同法59条），輸出組合（輸出入取引法19条），輸出水産業
組合（輸出水産業の振興に関する法律20条），輸入組合（輸出入取引法19条の6）
である。また，後者（②）に類するのは，漁業協同組合（水産業協同組合法56
条），水産加工業協同組合（水産業協同組合法96条3項），信用金庫（同法57条），
労働金庫（同法61条），農林中央金庫（同法77条），船主相互保険組合（同法42
条）である。

（3）区分基準の整合性－公益法人等と人格のない社団等

　3つ目の法人税法別表第二に掲げる公益法人等には，学校法人，社会福祉
法人，宗教法人，一般社団法人等（公益社団法人・公益財団法人及び非営利型
法人に該当する一般社団法人・一般財団法人），の各種団体が掲げられている。

加えて，別表第二には含まれていないものの，例えば特定NPO法人（特定非営利活動法人）のように，その設立根拠法である「特定非営利活動促進法」（70条）において，別表第二の公益法人等とみなされる法人が存在する。このような特別法によって公益法人等とされる法人には，①認可地縁団体（地方自治法260条の2，16項），②管理組合法人（建物の区分所有等に関する法律47条13項），③団地管理組合法人（建物の区分所有等に関する法律66条），④法人である政党等（政党交付金の交付を受ける政党等に対する法人格の付与に関する法律13条），⑤防災街区整備事業組合（密集市街地における防災街区の整備の促進に関する法律164条の2），⑥マンション建替組合（マンションの建替え等の円滑化に関する法律44条），⑦マンション敷地売却組合（マンションの建替え等の円滑化に関する法律139条）などがある。

　これら別表第二に掲げる公益法人等は，いくつかの類型に分けることができる。まず，公益社団法人にみられるように，社員が存在するものの定款において，社員に剰余金又は残余財産の分配を受ける権利を与えていない法人である（当該法人は，一般社団法人と異なり残余財産を社員に分配することができない[12]）。次に，学校法人にみられるように，持分の概念がないために剰余金を分配することができず，かつ，残余財産についても同種の法人又は国庫に帰属する[13]ものとしている法人である。そして，3番目は，独立行政法人に対する規定，即ち「別表第一に掲げるもの以外のもので，国または地方公共団体以外の者に対し，利益または剰余金の分配その他これに類する金銭の分配を行わないものとして財務大臣が指定をしたものに限る」とされてい

12　公益社団法人及び公益財団法人の認定等に関する法律において，「清算をする場合において残余財産を類似の事業を目的とする他の公益法人若しくは前号イからトまでに掲げる法人又は国若しくは地方公共団体に帰属させる旨を定款で定めているものであること」（5条十八）と規定している。

13　私立学校法（第51条）では，「解散した学校法人の残余財産は，合併及び破産手続開始の決定による解散の場合を除くほか，所轄庁に対する清算結了の届出の時において，寄附行為の定めるところにより，その帰属すべき者に帰属する」（同条1項）「前項の規定により処分されない財産は，国庫に帰属する」（同条2項）と定めている。そして，「寄附行為の定めるところにより，その帰属すべき者」は，「学校法人その他教育の事業を行う者のうちから選定されるようにしなければならない」（同30条3項）としている。

77

る独立行政法人であり，財務省告示第103号［2015］（「法人税法別表第二の表独立行政法人の項の規定に基づき，収益事業から生じる所得以外の所得に対する法人税を課さない法人を指定する件」平成27年3月31日）において指定されている法人である。これらの法人は，「毎事業年度，損益計算において利益を生じたときは，前事業年度から繰り越した損失を埋め，なお残余があるときは，その残余の額は，積立金として整理しなければならない。」（独立行政法人通則法44条）ため，利益の分配が予定されていない。

　なお，「国または地方公共団体以外の者に対し，利益または剰余金の分配その他これに類する金銭の分配を行わないもの」とする規定には注意を要する。何故ならばこの規定は，国又は地方公共団体に対しては利益等の分配を行うものである，との解釈が可能だからである。この点について，独立行政法人会計基準研究会［2000］によると，「独立行政法人には，毎事業年度における損益計算上の利益（剰余金）の獲得を目的として出資する資本主を制度上予定していないということである。すなわち，独立行政法人は，その業務を確実に実施するために必要な資本金その他の財産的基礎を有しなければならず，政府は，その業務を確実に実施させるために必要があるときは，独立行政法人に出資することができる（独立行政法人通則法第8条参照）。また，独立行政法人は，毎事業年度，損益計算において利益を生じたときは，前事業年度から繰り越した損失を埋め，なお残余があるときは，中期計画に定める剰余金の使途に充てる場合を除き，その残余の額は，積立金として整理しなければならない（独立行政法人通則法第44条第1項及び第3項参照）のであって，基本的に，企業会計のように利益配当を行うことを制度上予定していない。したがって，資本取引及び損益取引が意味する内容は，このような独立行政法人の制度上の特性に応じて，必要な修正を加えて理解しなければならないと認識する。」（3　企業会計原則の位置付け）としていることから，別表第二に掲げられた独立行政法人は利益の分配を制度上予定していないと考えられる。

　しかし，民間出資を伴う法人（他に，政府が全額出資するもの，出捐により

持分の規定がないものが存在する）については，残余財産について，例えば「機構は，解散した場合において，その債務を弁済してなお残余財産があるときは，これを各出資者に対し，その出資額を限度として分配するものとする」（国立研究開発法人新エネルギー・産業技術総合開発機構法21条）として，分配を認める規定を置いている[14]。このことは，法人税法別表第二に含まれる独立行政法人がそもそも，「国または地方公共団体以外の者に対し，利益または剰余金の分配その他これに類する金銭の分配を行わないもの」ではあるが，残余財産の分配は禁止されていないことによる。このため，前述した「利益及び残余財産の分配（不分配）」の基準に抵触するとも考えられる。しかし，例えば特定NPO法人にみられるように，公益法人等であったとしても収益事業が禁じられていない（特定非営利活動促進法 5 条）ことから，非営利法人の本質は利益（剰余金）の非分配にある。つまり，前述したように，従来から展開されてきた会社の営利性に関する議論についての通説は利益分配説であり，「営利を目的とする」の解釈については，対外的な経済活動で利益を獲得し，その利益を会社の構成員である社員又は株主に分配することにある。それ故，収益事業によって蓄積された毎期の利益（剰余金）を分配しなければ，その非営利性は担保されうると考えられる。

　最後に，人格のない社団等は，法人税法 2 条 8 号において「法人でない社団又は財団で代表者又は管理人の定めがあるものをいう」と規定され，さら

14　財務省告示第103号［2015］に掲載された独立行政法人14のうち，本文で例示した国立研究開発法人新エネルギー・産業技術総合開発機構を除く次の 8 つの法人が，各根拠法の中にその出資額を限度とした残余財産の分配を認める規定を置いている。国立研究開発法人宇宙航空研究開発機構（国立研究開発法人宇宙航空研究開発機構法25条），国立研究開発法人海洋研究開発機構（国立研究開発法人海洋研究開発機構法20条），国立研究開発法人科学技術振興機構（国立研究開発法人科学技術振興機構法38条），国立研究開発法人新エネルギー・産業技術総合開発機構（国立研究開発法人新エネルギー・産業技術総合開発機構法21条），国立研究開発法人日本原子力研究開発機構（国立研究開発法人日本原子力研究開発機構法27条），国立研究開発法人農業・食品産業技術総合研究機構（国立研究開発法人農業・食品産業技術総合研究機構法20条），国立研究開発法人理化学研究所（国立研究開発法人理化学研究所法19条），独立行政法人自動車事故対策機構（独立行政法人自動車事故対策機構法20条），独立行政法人情報処理推進機構（情報処理の促進に関する法律56条），独立行政法人農林漁業信用基金（独立行政法人農林漁業信用基金法23条）。

に同通達で組合（民法667条）を含まないとしている[15]。そこで，人格のない社団等は社団としての性格を持つことになるため，構成員の総意による以外は，各構成員には団体財産に対して分配請求権を有しないと解されることになる[16]。しかし，公益法人等のようにまったく分配権を有しないのではなく，「構成員の総意」があれば財産を分配することも可能であるため，営利・非営利の判断に影響することになる。この点に関しては，人格のない社団等を納税義務者とした昭和32年の税法改正前後の状況を考慮する必要がある。

　即ち，この当時，法人格のある団体（営利法人）には課税されていたものの，法人格のない団体については対照的な取扱がなされており，その財産が個人に分配される組合には，パススルー課税（構成員への所得課税）が行われる一方，その他の団体には権利能力に関する民法の通説や判例から法人税法が適用できない状況にあった[17]。そこで，当該団体を法人税法上人格のない社団等と規定することにより，独立した納税義務の主体と認め，同時に民事法では類似的団体とされる組合[18]と明確に区分するために，分配権がない非組合的団体（社団）としたのである。その結果，この社団という性格のために人格のない社団等は非営利法人の領域に属することになり，論者からは

15　次のものを含まないとしている。「（1）民法第667条《組合契約》の規定による組合（2）商法第535条《匿名組合契約》の規定による匿名組合」（法基通1-1-1）。

16　法人税法上の人格なき社団等について，どのような基本的性格を有するかについては民法の権利能力なき社団概念が借用されることになる。そこで，この概念を判示した最高裁判所（昭和32年11月14日判決）が参考となる。即ち，「その財産を脱退した元組合員（ここでいう組合は，権利能力のない社団である労働組合をいう−引用者）に帰属せしめることについては，すくなくとも分裂当時における総組合員の意思に基づくことが必要であって，これなくしては，脱退した元組合員が当然にその脱退当時の組合財産につき，共有の持分権又は分割請求権を有する者と解することはできない」としている。

17　人格のない社団等の沿革については，佐藤［1987］（171-185頁）が詳しい。

18　法人税法においては，組合と人格のない社団等が明確に区分される。しかし，民事法において両者は，類似的・統一的に解されているのである。これは，法人税法がその文言をそのまま取り入れたとされる民事訴訟法29条（「法人でない社団又は財団で代表者又は管理人の定めがあるものは，その名において訴え，又は訴えられることができる」）の解釈においてみることができる。つまり，「社団類型に民事訴訟法に属してさえいれば，当該団体の法形式が権利能力なき社団であるか民法上の組合であるかは問題ではない。すなわち，『法人に非サル社団』は権利能力なき社団と民法上の組合の両方の法形式を包摂することが可能である」（後藤［1995］，91頁）として，民事訴訟法では，法人格のない社団は組合を包摂する広い概念であるとされるのである。

「人格のない社団等は，その公共性ゆえに優遇されるのではなく，その社団性ゆえに，法人課税の対象に取り込まれ，優遇（収益事業課税）が行われてきたという経緯がある」（兼平［2012］，59-60頁）と批判されるゆえんともなっている。

（4）まとめ

　以上のように，法人税法では営利・非営利の区分基準について明示していないことから，民法及び会社法の通説，さらに一般社団・財団法と会社法の規定を考察した。その結果，これらの通説及び規定では，「利益及び残余財産の分配（不分配）」を基準として営利・非営利を区分していることが判明したのである。そこで，法人税の課税対象となる内国法人のうち，法人税を納付する義務のない公共法人を除く4つの法人について，上記基準を当てはめその適否を検討した。その結果，これら法人のうち，「利益及び残余財産の分配」が行われる普通法人と協同組合等については，「各事業年度（連結事業年度に該当する期間を除く。）の所得について，各事業年度の所得に対する法人税を課する。」（法法5条）と規定されている。これに対し，「利益及び残余財産の分配」が行われない公益法人等と人格のない社団等については，「各事業年度の所得のうち収益事業から生じた所得以外の所得については，第五条（内国法人の課税所得の範囲）の規定に関わらず，各事業年度の所得に対する法人税を課さない。」（法法7条）とされているのである。つまり，法人税法上の課税対象である「各事業年度の所得」について，「利益及び残余財産」の分配・不分配の指標により課税・非課税が決定されていることが判明したのである。

　このように，法人税法上の公益法人等と人格のない社団等は，「利益及び残余財産の分配」が不能であるが故に非営利法人に該当するとされるのであり，その視点を所有主側に移動させるならば利益及び残余財産に対する請求権を持った所有主が存在しないことを意味している。つまり，法人税法の規定においては，所有主の存在・不存在を根拠として営利（法人），非営利（法

人）の区分がなされていることが明らかとなった。それ故，所有主のいない非営利法人に対して，所有主理論に基づいて課税所得計算を行うという矛盾を内在させていることになる。

5 非営利法人の会計主体論に関する通達の規定

　前節では，法人税法上，非営利法人を所有主が存在しない法人と解していることと，所有主理論に基づいた資本概念によって課税所得計算が行われていることとの矛盾が明らかとなった。しかし，非営利法人の収益事業課税が実際に所有主理論によって行われているのであろうか。収益事業課税に関する実質的な規定は通達に置かれている。そこで，以下では通達を確認することにより，非営利法人の収益事業課税における会計主体論について具体的にみていきたい。

　通達では，法人税法施行令6条にいう収益事業を行う際の区分経理の規定を受け，単に収益及び費用を事業区分に応じて按分することのみならず，資産及び負債についても同様に区分経理することが求められている（法基通15-2-1）。そこで，区分経理された資産と負債については，その差額が資本となると考えられるが，法人税法では当該差額を資本として認めないものとしている（法基通15-2-3）。このことは，収益事業の開始時点だけでなく，その後において収益事業以外の事業から収益事業に支出した金銭その他の資産についても同様の扱いとされている（法基通15-2-3）。また，区分経理した固定資産の帳簿価額は当該資産を評価替えすることなく，収益事業以外の事業で計上されていた当該固定資産の取得価額を収益事業用の固定資産として付け替え（法基通15-2-2），その減価償却方法は，償却方法を変更した場合の償却限度額の計算方法によることとされている（法基通15-2-2（注））。なお，補助金・助成金等によって固定資産を取得した場合，その固定資産が収益事業の用に供されたものであったとしても益金の額に算入せず，その償却限度額又は譲渡損益の基礎となる取得価額についても実際の取得価格によるため，

圧縮記帳が行われないことになる（法基通15-2-12，同（注））。

　このように，収益事業に係る課税所得の計算方法については，主として法人税基本通達によって規定されているが，法人税法本法においてとられている所有主理論及び資本概念とは異なる定めとなっているのである。

　即ち，資本概念についてみてみると，本法上（2条1項16号）では資本金等の額について明確に規定しているが，通達では，収益事業として区分経理された資産と負債の差額を資本として認めていないとしながらも，続く規定では，一方において「収益事業に係る収入又は経費を補填するために交付を受ける補助金等の額は，収益事業に係る益金の額に算入する。」（法基通5-2-12（2））が，他方「固定資産の取得又は改良に充てるために交付を受ける補助金等の額は，たとえ当該固定資産が収益事業の用に供されるものである場合であっても，収益事業に係る益金の額に算入しない。」（法基通15-2-12（1））と規定している。このことは，資源提供者の意図が「収益事業に係る収入又は経費を補填するため」なのか，それとも「固定資産の取得又は改良に充てるため」であるのかの違いによって，益金への算入・不算入（課税・非課税）が決定されていることになる。仮に，両者の相違が，資本概念から生じているとするならば，当該基本通達は資源提供者の意図（拘束性）を念頭に置いた資本概念を定めているとも考えられるのである。このことは，次章でみるアンソニーの所説及びSFAC第6号を想起させる。

　次に，会計主体論については，本法上では所有主理論をとっている（富岡[2010]，378頁）のに対し，通達では「固定資産の取得又は改良に充てるために交付を受ける補助金等の額は，（略）収益事業に係る益金の額に算入しない。」（法基通15-2-12（1））としていることから，贈与剰余金（企業主体理論）を許容しているようにもみえる。つまり，富岡[2010]のいうように法人税法上の会計判断を出資者の立場によるとしたならば，出資者ではない国ないし地方公共団体から補助金等を受けた場合，当該補助金等は出資に該当しないために課税対象となるはずである。ところが，同基本通達の規定は，これを「益金の額に算入しない」としていることから，補助金等として流入した資

金について，その所有主とは異なる主体への帰属を想定していると考えられるからである。具体的には，「企業を出資者からは独立したものとみなし，そのような企業の立場から会計上の判断を行うべしとする企業主体説（論）」（飯野［1994］，1-18頁）に基づいた規定とも解釈しうるのである。

　あるいは，そうではなく，非営利法人の分野において統一的な会計基準が存在しないことにその原因を求めることができるのかもしれない。つまり，非営利法人ごとに異なる会計基準が存在する現状において，所有主のいない非営利法人の資本概念を通達独自に規定することには困難が伴うのであるが，反面において，利益（所得）を計算するには資本概念を念頭に置く必要があるからである。そこで，通達はその解決策として，資本概念を規定しない代わりに資本等取引に該当する事例を個別具体的に定めているものと考えられるのである。

　以上，収益事業の課税所得計算を実質的に定める通達を確認することにより，非営利法人の収益事業課税における会計主体論がどのように規定されているのかについて具体的に検討した。その結果，企業主体理論を想起させる規定があるものの，これを明確に断定することは困難であった。

6　おわりに

　本章では，SFAC第4号に示された非営利組織体の本質的（組織的）な特徴のうち第3の特徴（検討事項）に基づいた資本概念を導出するために，法人税法の規定に即しながら収益事業課税における会計主体論を明らかにすることを目的とした。そのためにまず，法人税法に定められた会計主体論とは何かについて代表的な会計主体論を検討した。その結果，考察対象とした4つの会計主体論のうち，企業体理論は課税関係の視点からは付加価値税との親和性が高く，資金理論は「毎年の純利益の数字を重視し，また計算するような方法で財務諸表が作成されなければならない理由はまったくない」（酒井［2013］，85頁）ことから，所得を課税標準とする法人税法の主体論として

は適切ではないことが判明した。

　さらに，法人税法の規定上，配当の支払は資本等取引であり資本コストとして損金に算入されず，国庫補助金については反対に資本等取引から除外され課税対象となることから，法人税法では企業主体理論を採用していないことになる。そして，法人税法は「法人を株主等の集合体とみる法人本質観からは，株主等とそれ以外の第三者との峻別が求められ，必然的に株主等の払込資本のみが維持すべき法人の資本であると観念される。」（富岡［2010］，378頁）こと，加えて資本金等の額を「株主等から出資を受けた金額」（法法2条1項16号）とする条項から，所有主理論に基づいていることが確認できたのである。

　しかし，この結論は，非営利法人をどのような意味内容を持つものとして理解するかにより矛盾が生じる可能性がある。さらに，本書では内容の検討をしないまま法人税法別表第二に掲げる法人を非営利法人としていたため，改めて非営利法人の意味内容について整理する必要があった。

　検討の結果，法人税法上の公益法人等と人格のない社団等は，「利益及び残余財産の分配」が不能であるが故に非営利法人に該当するとされるのであり，その視点を所有主側に移動させるならば利益及び残余財産に対する請求権を持った所有主が存在しないことを意味する。それ故，法人税法の規定においては，所有主の存在・不存在を根拠として営利（法人），非営利（法人）が区分されていることが明らかとなった。このことは，法人税法上もSFAC第4号と同様に非営利法人を売却や譲渡等が可能な所有主請求権及び残余財産請求権が存在しない，つまり所有主が存在しない法人と解することであり，所有主のいない非営利法人において所有主理論に基づいた資本概念によって課税所得計算を行うという矛盾を生じさせているのである。

　さらに，収益事業課税に関する実質的な規定が通達に置かれているため，通達を確認することにより非営利法人の収益事業課税における会計主体論がどのように規定されているのかについて具体的にみてみた。その結果，通達には企業主体理論を想起させる規定があるものの，これを明確に断定するこ

とは困難であった。

　このように，法人税法では，一方において所有主理論を規定しながら，他方において非営利法人を所有主が存在しない法人として定めている。これら両規定は，同一の会計主体論の中に包摂されうるものではなく，むしろ矛盾するものである。さらに，収益事業における課税所得計算を実質的に定める通達においては，収益事業課税における会計主体論を明確に定める条項は存在しなかったのである。

　それ故，「会計主体の確立は，企業会計における基本的問題としての"資本と利益の区分"を可能ならしめる。」（中田［1961］，470頁）ことから，法人税法では非営利法人の収益事業課税における会計主体を定めないまま，即ち，資本と利益の区分ができないまま課税所得の計算が行われているという，理論的に無視できない問題が存していることが明らかとなったのである。

　以上，法人税法から会計主体論を読み解くことが困難であることから，次章においては非営利組織会計における先行研究の成果を踏まえながら，非営利法人の収益事業課税を行うために必要とされる会計主体論について検討していきたい。

第 **4** 章

非営利組織の利益計算と
会計主体論

1 はじめに

わが国において，非営利法人の会計理論的な考察を行った文献として，日本公認会計士協会［2013］による「非営利法人委員会研究報告第25号非営利組織の会計の枠組み構築に向けて」を挙げることができる。当該研究報告は，「非営利セクターの各組織に共通した会計枠組みの構築を検討すること」（Ⅰ．「はじめに」1）を目的として，「受益者や地域社会までも含む広範な利害関係者を想定した中で，会計情報に特に関心を持つ情報利用者を，資源提供者及び債権者として定義した。さらに，（略）一般の情報利用者に幅広く利用可能な会計枠組みを構築することを重視した」（要旨3（1））ものである。そして，「我が国においては，非営利組織と呼ばれる組織において持分が認められている場合もあるが，本研究報告では，共通的な会計枠組みの構築に向けた検討の観点から，非営利組織に一般的である持分のない組織を想定して議論を展開する。」（Ⅳ.「3．非営利組織会計の基本枠組み案」（4）注49）としたため，「持分のない非営利組織において資本取引は存在しない。この場合，収益と費用の差額は純資産の増減と一致する。非営利組織は営利企業と異なり利益獲得を主たる目的としないため，当該差額は組織の主たる成果を表さず，財務諸表の構成要素としての位置付けを持たない。」（同（4）財務諸表の構成要素）ことになるとしている。

このように，当該研究報告では「持分のない組織を想定して」いることから「資本取引は存在しない」としている。つまり，「企業には持分概念があるため，所有者との取引である資本取引と法人自身の業績である損益取引を区分する必要がある（資本取引・損益取引区分の原則）。一方，非営利組織には持分概念がないことが多く，この場合，企業会計における資本取引・損益取引区分の原則が成り立たない。」（Ⅴ.「3．収益認識における実現主義」注60）のである。しかし，当該研究報告のいう，持分のない非営利組織においては資本取引と損益取引とが区分できないとする主張が仮に正しいとするな

らば，非営利組織会計（の枠組）からは本書が目指す非営利法人の収益事業課税において必要とされる資本概念も，これを導き出す会計主体論も，さらには課税所得それ自体を算定することができないことになる。

そこで，資本取引・損益取引区分の原則が成立しないとする主張の妥当性が検討されなければならないが，その主張の根拠として当該研究報告［2013］が「持分概念がないことが多（い）」（注60）「非営利セクターの各組織に共通した会計枠組みの構築」（Ⅰ．「はじめに」1）を目的としたことに起因するものと考えられる。別言するならば，非営利組織会計と営利会計との共通性を対象外としたためではなかろうか。これに対して，例えばSFAC第4号では「いかなる特定種類の実体（例えば非営利組織または営利組織）についても独立した概念フレームワークを開発する必要はない」（par.1）とする主張が展開されている。そこで，SFAC第4号の文言どおりであれば，「資本取引・損益取引区分の原則」により非営利組織会計においても（課税）所得の計算を可能にすることができるため，以下では非営利組織会計における利益計算を論じた先行研究を検討していきたい。そして，その検討結果から非営利法人の収益事業課税を行うために必要とされる会計主体論を明らかにするものである。

2 SFAC第4号及び第6号を批判的に論じた池田［2007］

（1）SFAC第4号に対する批判

まず，非営利組織と営利組織を統合する概念フレームワークであるSFAC第4号について検討した池田［2007］を取り上げてみたい。しかし，結論からいえば，営利・非営利組織会計の統合を提唱するSFAC第4号について，池田［2007］は否定的である。何故ならば，非営利組織にとって「営利企業の利益情報にも相当するような重要な情報である」「サービス提供の成果情

報を財務報告の主要情報[1]として要求しなかったため，営利・非営利会計の概念フレームワークを統合するという結論に至ったとみることができる」（池田［2007］，133-134頁）としているからである。

　池田［2007］によると，SFAC第4号は意思決定有用アプローチに基づいて，まず，「利用者」を特定し，続いて「利用者ニーズ」，さらに「財務報告目的」，そして「提供すべき情報」を導き出すという構成を持つとしている（池田［2007］，125-126頁）。即ち，SFAC第4号（以下，本章におけるSFAC第4号の翻訳は，平松・広瀬訳［2010］に拠っている）では，「利用者」として，「会員，納税者，寄付者，与信者，債権者，従業員，管理者，取締役および管財人，用役受益者等」の25種に区分（par.29）したうえで，彼らを「a 資源提供者，b 用役利用者，c 統制および監督機関，d 管理者」（par.29）の4集団に分類している。そして，これら4集団ごとに必要とされる「利用者ニーズ」について述べるとともに，「非営利組織体によって提供される用役，用役提供のさいの効率性および有効性ならびに用役を提供し続ける能力についての情報」（par.30）が共通ニーズであるとしている。これら利用者及び情報ニーズを前提として，「財務報告目的」を「現在および将来の資源提供者その他の情報利用者が非営利組織体への資源の配分について合理的な意思決定を行うのに有用な情報を提供しなければならない。」（par.35）と規定している。この財務目的から，財務報告が「提供すべき情報」として「経済的資源，債務，純資産および変動についての情報」（par.43），「経済的資源，債務および純資源の情報」（pars.44-46），「組織体の業績情報」（pars.47-53）及び「流動性情報」（par.54）の4つが導き出されているのである。

　このような論理構造を持つSFAC第4号では，「提供すべき情報」の1つである「組織体の業績情報」について，「理想的には，財務報告はまた，非

1　何故，非営利組織が「サービス提供の成果情報」を財務報告の主要情報とするかについて，池田［2007］によると，アメリカ政府会計基準審議会（Governmental Accounting Standards Board：GASB）概念ステートメント第1号は，SFAC第4号に相当するものであり（136頁），GASB第1号では「サービス提供成果」は財務報告の主要情報とされている（134頁）ことを根拠としているからである。

90

営利組織体の用役提供の成果についての情報を提供しなければならない。（略）しかしながら，用役提供の成果を測定する能力は，とくに計画と結果については，一般に未開発である。」（par.53）としている。つまり，非営利組織にとっての主要情報である用役提供の成果を測定することができないために，「組織体の業績情報」から主要情報が除かれることになる。その結果，上位概念である財務目的の「合理的な意思決定を行うのに有用な情報提供」や，さらには財務報告の前提である「情報ニーズ」としての「用役提供のさいの効率性および有効性」を阻害することになるのである。それ故，池田［2007］は「このサービス提供成果の測定と情報提供は，営利会計とは違う非営利会計の固有の要素であり，非営利会計の概念フレームを営利会計の概念フレームワークとは異なる構造へと導く要素であると考えられる。第４号はこのサービス提供の成果情報を財務報告の主要情報として要求しなかったため，営利・非営利会計の概念フレームワークを統合するという結論に至ったとみることができる」（133頁）とするのである。

　つまり，「用役提供の成果」はアウトプットとアウトカムからなり，このうちアウトカムは「提供したアウトプットから生じた成果または結果を測定するものである。たとえば，読解について一定の習熟度の向上を達成した学生の割合などが相当する。」（池田［2007］，138-139頁）ため，貨幣的な評価に馴染まないのである。そこで，SFAC第４号がこのような「用役提供の成果」を非営利組織の主要な財務情報から除外したうえで，営利・非営利組織会計の統合を行うとしたことは，上位概念である財務目的や財務報告の前提である「情報ニーズ」を阻害することになるのである。しかしながら，非営利組織のアウトカムが表示できないからといって，利益計算が行われていないのであろうか。むしろ，測定不能（未開発）なアウトカムが除かれていることにより，非営利組織の主要情報を提供することにはならないが，測定可能な利益を示しうるものと考えられる。この点を検討するために，SFAC第６号（以下，本章ではSFAC第６号の訳は，平松・広瀬訳［2010］に拠っている）についてみてみたい。

（2）SFAC第6号に対する批判

　SFAC第6号は，第4号の結論を受け，SFAC第3号の「営利企業の財務諸表の構成要素」を改訂し，非営利組織体を含むようにその範囲を拡張したものである（highlight）。第6号は，第4号を引き継いではいるが変更された箇所もある。このうち，「用役提供の成果」に関する情報提供は引き継いでいるため（par.3），「『サービス提供努力と成果についての情報』における努力は，費用により表されるが，成果は，収益によっては表されない。」（池田［2007］，150頁）ことになる。これに対して，変更された点は非営利組織の範囲である。即ち，第4号では，非営利組織を「財貨およびサービスの販売以外の源泉から相当の額の財務資源を獲得する非営利組織」，即ち，アンソニー報告書（Anthony［1978］）のBタイプ非営利組織（footnote3）を対象としていたが，第6号では定義から「相当の額」を削除している（footnote8，(a)）。このことにより，「財貨およびサービスの販売による収益から完全にまたはほぼ完全に財務資源を獲得する非営利組織」，即ち，アンソニー報告書のいうAタイプ非営利組織（No.4，footnote3）を含むことになり，「第6号における非営利組織は，利益目的を持たない民間の非営利組織（AタイプとBタイプの両方）ということになる」[2]（池田［2007］，146頁）。

　このように，第6号が，Aタイプの非営利組織を加えたために，財務諸表の構成要素は営利・非営利組織ともに，資産，負債，持分又は純資産，収益，費用，利得，損失の7要素とされている（par.20，par.50）。このうち，本章の検討対象である利益計算及び会計主体論と関係する「純資産」の定義と収益及び利得の主要な源泉である寄付金の扱いについてみてみたい。

　第6号では，持分又は純資産について，「負債を控除した後に残るある実態の資産に対する残余請求権である。」（par.49）と定義したうえで，両者の

---

[2]　SFAC第4号によると，Aタイプの非営利組織体は，「その財務的資源を全面的にまたはほぼ全面的に財貨または用役の販売による収益から獲得するような非営利組織体（162頁）」と定義されており，Bタイプの非営利組織体は，「相当額の財務的資源を財貨または用役の販売以外の源泉から得るような非営利組織体（162頁）」と定義されている（footnote3）。

関係について「本ステートメントでは概して持分という用語を営利企業に適用するが，これは通常の用法である。そして純資産という用語を非営利組織体に適用する。非営利組織体については持分という用語はあまり一般的には用いられていない。二つの用語は互換可能である。」(footnote26) としている。そして，ここでいう営利企業における持分は「出資者の請求権である。」(par.60) との特徴を有しているが，非営利組織体の純資産は「営利企業とは対照的に，出資者請求権ではない。」(par.90) と述べている。そのため，池田 [2007] は酒井 [1993]（8頁）の指摘を借りて，「所有者請求権である持分と所有者持分でない純資産を互換可能とすることは矛盾するのではないか。」(152頁) と疑問を呈している。

では，非営利組織体の純資産とはどのような意味を有しているのであろうか。第6号は，「持分または純資産」は残余請求権であり（par.49），このうち持分は出資者請求権の性格を兼ね備えているが（par.60），純資産は出資者請求権の意味を含んでいない（par.90）としている。つまり，「持分は，常に純資産（資産－負債）に等しい。これは持分が残余請求権であるからである。」(par.213) が，同時に，営利企業の持分は出資者請求権を含んでいる。この権利は，「負債が企業の資産に対する請求権としては出資者請求権より優先権を有しているという特徴」(par.213) と関連付けられるため，持分は営利企業の残余財産分配請求権の意味を持つことになる。これに対して，非営利組織体はこのような出資者請求権を持たないため，純資産は「残余請求権」とイコールである。そして，ここにいう「残余請求権」は，「持分または純資産は（略）常に純資産（資産－負債）に等しい。これが純資産が残余請求権である理由である。」(par.222) とのことから，営利企業のような「残余財産分配請求権」とは関わりのない，単に資産から負債を控除した残額の意味を有するに過ぎないことになる[3]。

---

3 この点について，池田 [2007] は，「仮に，この残余請求権が，組織の清算に際して，資源の残余分配を得る権利を表しているならば，第4号が対象とする非営利組織は，全て残余請求権を持たないことになり，純資産を残余請求権として定義することはできない。」(153頁，脚注 (37)) としている。

次に，寄付金の扱いについてみてみたい。第6号では，「寄贈者の寄付は多くの非営利組織体にとっては収益であるが，積極的にそれを求めることなくただ偶然的にそれらを受領する他の非営利組織体にとってはしばしば利得である。」(par.113) と規定している。そして，「非営利組織体の用役提供努力，資金調達活動のほとんど，および他の実体との交換取引のほとんどは，その用役利用者に対して財貨や用役を提供するというその基本的機能を果たそうとすることによって，組織体の中心的な営業活動を構成する進行中の主要な活動であり，その組織体の収益および費用の源泉である」(par.113)。このため，収益としての寄付は非営利組織体の主要な活動から生じることになる。しかし，寄付は非営利法人の活動には投資の回収を目的とした循環運動[4]だけではなく，サービス提供という消費活動のみの片道運動に費やされる資金源泉として利用されている。それ故，片道運動に投下される寄付金を収益や利得として扱うことには大きな疑問が生じるのである。

（3）まとめ

　以上，池田［2007］の所説に沿いながらSFACの第4号と第6号について検討した。その結果，非営利法人の収益事業課税との関係から次の4点を指摘することができる。

　まず1点目として，池田［2007］によると，下位概念である「提供すべき情報」の中の「組織体の業績情報」について，これが非営利組織体の主要情報であるにもかかわらず，測定が不能（未開発）なため情報提供を行うことができないのである。そこで，SFAC第4号が意思決定有用アプローチに基づいた概念構造を有しているため，上位概念である財務報告目的の「合理的な意思決定を行うのに有用な情報提供」や，さらには財務報告の前提である「情報ニーズ」としての「用役提供のさいの効率性および有効性」を阻害す

---

4 醍醐［1981］（3頁）を参照。なお，収支の因果的な循環運動と非因果的な片道運動については，本書の第2章2「（2）非営利法人における資金の循環過程（第2の検討事項）」において検討している。

ることになるとしている。しかし，主要情報を貨幣的な評価が困難なアウトカムではなくアウトプット，即ち，「提供されたサービスの物量を測定するものである。たとえば，進級または卒業した学生数などがこれに相当する」（池田［2007］，138頁）成果ないしは結果を表すことは，意味をなさないのであろうか。少なくとも，非営利組織体の測定可能な利益（所得）が計算されうると考えるのである。

　次に，SFAC第6号がその対象をBタイプに加えAタイプまで含めたために営利企業と同じ構成要素を用いることになったことは，利益計算を目的としていない非営利組織体にとっては望ましいことではないとしている（池田［2007］，158-160頁）。しかし，わが国の非営利法人は公益事業とともに収益事業を行う場合がほとんどであり，とりわけ収益事業に法人税が課せられる法人税法別表第二に掲げる法人（非営利法人）については，A・B両タイプを含んだ概念規定が望ましいと考えられるのである。

　さらに3つ目として，持分又は純資産について，所有者請求権である営利企業の持分と所有者持分ではない非営利組織体の純資産とが互換可能であることについて批判を行っているが（池田［2007］，152頁），これには賛同するものである。なお，SFAC第6号では，非営利組織体の「純資産」を資産から負債を差し引いた差額とすることについては，純資産は負債の定義によりその内容が異なることになり，負債から除かれた「何らかの残余」であることになる。それ故，非営利法人の課税所得を計算する際に必要とされる資本概念とは何か，そしてこの資本概念を導き出すための会計主体論を考察する本書にとっては手掛かりを与えるものとなっていない。

　最後に，SFAC第6号が非営利組織体が受領する寄付金を収益・利得とすることについては，営利企業であるならば所有主理論をとっている証左となる。しかし，第6号が所有主理論を採用しているのか，それとも他の理由（例えば会計観）によって寄付金が収益・利得となるのかについてはさらなる検討が必要である。

3 企業会計との表示基準統一化を論じた宮本［2015］

　そこで，以下，非営利組織の会計基準について，FASBの報告書及びアンソニーの所説を手掛かりとして，非営利組織間及び企業会計との統一化を試みた宮本［2015］を取り上げることによって，引き続き非営利組織の利益計算における会計主体論について検討していきたい。

　宮本［2015］によると，社会的要請，即ち，資源の流入を促すための横断的理解が可能な会計基準に対する社会的要請，及び制度・理論に関する専門的知識が広く共有されている企業会計との表示様式の統一化という社会的必要性に基づいて（宮本［2015］，125頁），「企業会計との表示統一化を指向し，当該専門知識による，財務的生存力と活動業績の評価を可能にするために，純利益および当期純資産変動額を表示する。」という目標仮説を設定している（宮本［2015］，129頁）。ここで，財務生存力と活動業績が何故，選ばれたかについては，SFAC第4号の非営利組織会計の基本目的によっているからである（宮本［2015］，62-64頁）。そこで，財務生存力についても同号の定義を借りて「用役を提供し続ける組織体の能力」（par.44）としたうえで，これを表示するために「フロー計算書のボトムラインに純資産変動額が設定され，これが貸借対照表／純資産の部と連携することによって達成される。ボトムラインである当期純資産変動額には，業務的フロー（当該要素の集計値が純利益）のみならず資本的フロー（拘束力ある寄付金・補助金など）の当期増減額が含まれる。」（宮本［2015］，126頁）としている。

　では何故，フロー計算書を業務的フローと資本的フローとに区分し，両者の差額としての当期純資産変動額をボトムラインに置いたのかの理由については，「かりに業務的フローの当期増減の最終額（即ち純利益）がマイナスであっても，資本的フローを合算することでプラスに転じれば，当期において最終的に財務的生存力が維持され，（略）『目的』である財務的生存力の査定が達成される。」（宮本［2015］，126頁）からである。

次に，2つ目の評価対象である活動業績の評価についても，SFAC第4号を引用し，非営利組織体が「資源提供者その他の用役利用者に対して満足のいく水準の財貨または用役を提供するために必要とするだけの資源と少なくとも同量の資源を長期的に受領」（No.4, par.14）したかを評価するために，つまり，財貨又は用役を提供するための資源である費用と受領する資源である収益とによって，その差額である純利益（が少なくとも均衡していること）を示す必要があると解しているのである。

　それ故，財務的生存力と活動業績の評価を可能にするフロー計算書の様式は，「上段において業績評価に資する損益的フローを表示し，下段に資本的フローを表示することで，ボトムラインに当期純資産変動額を表示することができる」（宮本［2015］，128頁）という損益的フロー／資本的フローの2区分式であり，「当該表示基準は，IASBの規定する表示基準とも同様となる」（宮本［2015］，128，139頁）としている。

　このように，企業会計との表示基準の統一化を論じた宮本［2015］を，上記の池田［2007］と比較すると，活動業績について池田［2007］はアウトカムという測定不能（未開発）な概念であることを理由にして非営利組織の主要な情報が開示されないとした。これに対し，宮本［2015］は寄附金・補助金を議論の中心に据えて，これが純利益の構成要素となることから利益計算が非営利組織の主要な財務目標となるとしている。そのため，非営利法人の収益事業課税の側面からみると，非営利組織会計においても利益（所得）計算を行うことが可能な宮本［2015］に親和性がある。

　しかし，宮本［2015］によると，すべての寄附金・補助金は利益と解釈されている。即ち，「非営利組織が前受した寄附金・補助金に対して付された法的条件に着目すると，寄附者・出資者への返済義務がなく，権利が受け取る側に移転する。そこで，かりに寄附者の意図どおりに使途が履行されなくても，特段の契約事項がないかぎり弁済義務は生じない。また，会計理論的にみても，寄附金・補助金収入に反対給付は生じず将来に資産減少は伴わないため，負債としての特質を持たないインフローと考えることができる」（宮

本［2015］，93頁）こと，さらには「非営利組織にはそもそも株主資本概念が存在せず，寄附金・補助金を企業会計の払込資本と同等とみることはできない。」（宮本［2015］，94頁）ことを，その理由として挙げている。

ところが，寄附金・補助金の中には「収支の非因果的な片道運動」（醍醐［1981］，3頁）に提供されるものや，出資として提供されるもの（例えば，独立行政法人の会計基準では「資本金」が計算・表示される）も存在する。そこで，すべての寄附金・補助金を利益とすることには疑問を感じざるをえないのである。但し，宮本［2015］が，寄附金・補助金を利益としながらも，これを拘束の有無によって業務的フローと資本的フローとに区分していることは，それが財務諸表の構成要素としてではなく表示上の区分ではあるが資本取引と損益取引の区分を行う点において，収益事業における課税所得の計算と関連性を有しているといえる。

以上，宮本［2015］の所説を収益事業課税の視点からみると，非営利組織においても表示上の区分ではあるが利益計算が可能であること，そして，寄附金・補助金について，これを資源提供者の意図によって純利益と資本的フローに区分したことは，非営利組織の会計主体論さらには資本概念への繋がりを想起させる。

4 Anthony［1984］における会計主体論

会計主体論について，会計の根本的な立脚点を示し会計の実質論を形成するものであると主張される場合がある。即ち，「会計主体は，会計上判断をくだし，処理を行う主体というにほかならないが，このような主体如何の問題は，会計の根本的な立脚点を示し，企業の資本，負債，資産，費用，収益の諸概念，企業利益の帰属等の理解の仕方に影響するものとして，重要であるとされている。なお，筆者のごときは，この問題は，さらに会計構造の実質論として，会計計算の対象を異にし，損益計算のたてまえ，費用評価の原則を異にするという会計理論にとってまったく根本的な問題をふくんでいる

とおもっており，このゆえにこそ主体問題は重要であり，そこまで理解するのでなければ，問題の本質が認識されていないのであると考えている」（不破［1959］，105頁）とする所説である。

つまり，会計理論にとっての「根本的な問題」の1つである「会計主体の確立は，企業会計における基本的問題としての"資本と利益の区分"を可能ならしめる。すなわち，先ず，利益の帰属すべき会計主体は何であるかが決められることによって資本及び利益概念が規定される訳であり，この意味において先ず会計主体概念の検討が必要となる」（中田［1961］，470頁）のである。別言すれば，「会計主体という用語を企業利益が帰属する主体と定義する。企業会計の主たる目的の1つが利益計算であり，『誰にとって』の利益か（伊藤［2018］，226頁）の議論を会計主体論とする共通認識があると思われるからである」（村田［2018］，81頁）。それ故，利益計算を直接の目的としない非営利組織において，「会計理論にとってまったく根本的な問題」（不破［1959］，105頁）ともいえる会計主体論を利益（計算）との関連において論じたアンソニーは希有の存在であるといえる。

酒井［2007］は，このようなアンソニーの所説について，「営利企業会計と非営利組織会計の類似性に着目し，所有主を持たない非営利組織の会計において唯一の意味ある見方であるエンティティ観を強調し，企業が独立した存在として，その所有者（株主）の出資を資本たる資金の一つの源泉であるとするアンソニー教授の見解は，営利企業と非営利組織の会計の統合化にとって注目されてしかるべきであろう」（65頁）と評している。つまり，アンソニーの主張は，①会計主体論としてエンティティ観（本書では，エンティティ観と企業主体理論を同様の意味に解している）をとっていること，②主体の持分を資金の源泉と理解していること，③営利・非営利組織の統合化ないしは類似性から，資本と利益との区分を前提とした利益計算を重視していることに特徴がある。

（1）非営利組織体における会計主体論

まず，①と②について，Anthony［1984］（以下，本節でのAnthony［1984］からの引用は佐藤訳［1989］の頁数を表す）は次のように述べている。

「エンティティ観は非営利組織体の会計において唯一の意味のある見方である。それというのも，これらの組織体は所有主を持たないからである。これはまた，企業の現代的見方，すなわち，企業はその所有者から独立して存在し，その株主は資本たる資金のひとつの源泉である，という見方に通じるところがある。」（70頁）としている。さらに，②の資金源泉については，「ある資金は債権者によって提供され，別の資金は株主によって，そして最後のものは当該主体の自らの努力によって作り出される。最初の二つのタイプは負債と株主持分である。私は第三のタイプを主体持分と呼ぶことにする。」（107頁）とし，これら3つの源泉について負債と株主持分を外部の資金源泉，主体持分を内部の資金源泉として再区分している（115-116頁）。

ここで特徴的なのが，株主持分の額と主体持分に関する考え方である。前者の株主持分の額について，これは「普通株主持分として報告される金額は，いかなる意味においても，請求権ではなく，また普通株主の財務的権利（financial interests）を反映するものではない。」（104頁）としている[5]。さらに，「株主によって提供された資金の額は拠出資本として報告された額よりも大きい。株主は，彼らの直接の拠出に加えて，これら資金の使用に伴うコストが配当の形で彼らに返済されないかぎりにおいて，資金を提供しているのである。私は株主持分を使用するコストを持分利子と呼ぶ。」（106頁）と主張している。そのため，株主持分の額は，「FASBの概念基準書第3号で定義

---

[5]　その理由としてAnthony［1984］は，①普通株主は，その主体を取り壊さない限り，彼らの持分として記帳された金額を請求することができず，②貸借対照表の借方側が資産の公正価値を示さないことから，貸方側のそれに見合う金額も株主の請求権や持分や権利の貨幣額を示していないのであり，③株主はその権利が貸借対照表において報告されると申し立てられるのであるが，通常彼らは株式と交換に資金を拠出した人達と同じではないため，現在の株主はその株式の現在市場価格に関心があり，それはただ偶然に株主持分として報告された金額と一致するだけであるからである，としている（佐藤訳［1989］，104-105頁）。

された持分とは異なり，それは残額ではない。つまり，資産と負債との差額ではない。それは払込資本と未払持分利子の合計として直接的に測定される」（106頁）ことになる。つまり，株主持分の額は，「持分投資家によって最初に提供された資金の公正価値—当該資金が拘束されたときに計算される—に，持分利子を加え，配当などの株主への分配を差し引いて求められるべきである。」（222頁）ことになる。

次に後者の主体持分について，「一定日における主体持分は，その日までの全純利益の合計である。」（107頁）としている[6]。但し，企業会計上の利益剰余金と同じではない。何故ならば，「期間中の主体自らの行動によって生み出された資金の額は純利益として測定される。純利益は収益（利得を含む）と費用（損失と持分利子を含む）との差額として計算されるべきである。毎年度の純利益は主体持分に加えられるべきものである。これはちょうど現行実務で純利益が留保利益に加えられるのと同じである。しかしながら，持分利子がコストとして認識されるので，主体持分に加えられる額は，現行実務で留保利益に加えられている額よりずっと少ないであろう。」（107頁）からである。

このように Anthony［1984］は，資産と負債との差額が株主持分と主体持分とから構成されており，株主持分には当初の拠出額に未払持分利子が加算され，主体持分からは同額の持分利子が純利益の合計から控除されるとしている。しかしながら，負債利子が実際額で測定できるのに対し，この持分利子は「株主持分の額に一定利率を適用することによって計算される」（134頁）のだが，その利率は契約等に基づくものではないため「FASBにより指定されても良い。」（134頁）としている。それ故，持分利子については，Anthony［1984］がいうように「持分利子の計算に用いるべき利率の決定のむずかしさを取り上げてこの提案（アンソニーの持分利子の提案－引用者）に反対する人がいる。」（127頁）。

6　このような内部源泉のほかに，寄付等の外部からの資金源泉のうち営業に関連しないもの（営業外の寄付）は主体持分に分類している（佐藤訳［1989］，213頁）。

さらに，持分利子を資本コストとすることについても理論的な問題点が指摘されている。即ち，「一種の債務免除益に類する『未払持分利子』についても，それに対応する原価が当期に認識される場合には，その『未払持分利子』相当額を当期の収益とするのが妥当ではないかと思われる。また，『未払持分利子』に対応する部分が保有コストとして資産計上されている場合には，その『未払持分利子』は，『原価を将来引き起こす負債』・繰延収益である，といわなければならない。」（酒井［1992］，143頁）とする批判である。

　このため，持分利子の扱いが課題となるのだが，非営利組織においては，株主（所有主）が存在しないため株主持分はなく，そのコストである配当も生じないことになる。それ故，非営利組織においては，持分利子は考慮外に置くことができるのである。

　しかし，外部の資金源泉である株主持分が存在しない非営利法人では，外部資金を負債にのみに頼るのであろうか。この点に関して，Anthony［1984］は「主体には，贈与，契約，寄付，利益配分といった源泉からの資源流入がありうる。これらの流入がその期の営業と関連があれば，それらは収益である。そうではなければ，それらは主体持分への追加として報告されるべきである。これらは一括して営業外の寄付として呼ばれる。」（213頁）として，非営利組織に対する営業外の寄付を外部からの資金源泉として主体持分に分類している。このように，寄付金等を営業（収益）と営業外（資本）とに区分することは，先に述べた「③資本と利益との区分を前提とした利益計算の重視」という，Anthony［1984］の３つ目の特徴を表すものである。そこで，非営利組織における利益計算の意義についてみていくこととしたい。

（2）会計主体論と利益計算

　Anthony［1984］は，「営利主体では，収益が，提供された財貨およびサービス額の良好な測定値である。しかしながら，多くの非営利主体では相当額の収益が，課税や寄付や助成金などの源泉からもたらされ，これらは提供されたサービスと直接に関連付けられないのである。」（74頁）として，非営

利主体では，営利主体と異なり，提供されたサービスと収益との関係が分断されているとしている。それ故，非営利主体の「ゼロ以上の利益（あるいはゼロ以下の損失）の額は，サービス提供という目標に照らせば業績の測定値ではない」（74頁）ことになる。しかし，「この正あるいは負の額（利益ないし損失の額－引用者）は，主体の財務活動について重要な情報を伝えるものである」（74頁）。何故ならば，利益であれば，その主体は無限に活動を継続することができるであろうし，反対に損失であればその主体は倒産に陥ることになるからである。但し，注意しなければならないのは，非営利主体における利益については，それが多額であった場合には「当該主体が利用可能な資源で提供しうるだけのサービスを提供しなかったことを示すかも知れない」（74頁）ことである。このように，非営利主体の利益については，営利主体と異なり，提供されたサービスと収益との関係が分断されているとしていることからサービス提供に関する業績測定値とはなりえないが，主体持分を維持するための不可欠な要素であるとしている。それ故，「損益計算の最終数値の意味は営利主体と非営利主体とでは異なりはするものの，その最終数値は，双方のタイプの主体において重要な意味を持って（いる）」（74頁），と結論付けているのである。

　そのうえで，Anthony［1984］はさらに「かつ，それに到達する方法はどちらのタイプでも同じである。」（74頁）と述べている。では，ここにいう最終数値（「それ」）に到達する方法，即ち，利益計算の方法とはいかなるものであろうか。彼は，それを収益費用アプローチであるとしている。つまり，「文献は利益の測定に対する二つのアプローチを説く。資産負債アプローチと収益費用アプローチである。」（75頁）としたうえで，収益費用アプローチを「収益と費用を操作的に定義することが可能であり，また，これら定義を利益を直接的に測定するために用いることも可能である。焦点は，いつ収益が認識されるべきか，いつ費用が認識されるべきか，どれだけの額の収益が認識されるべきか，および，どれだけの費用が認識されるべきか」（77頁）であり，この問に答えられる利益計算方法こそが収益費用アプローチである

とするのである。それ故「この議論の説得力は次の概念を支持する」(79頁)として，非営利主体，営利主体を区分せずに「利益は，資本と負債の変化を測定することによって間接的に測定されるのではなく，収益と費用とを測定することによって直接的に測定されるべきである。」(79頁)と結論付けるのである。

なお，Anthony［1984］のいう意味での収益費用アプローチでは，資本と利益の区分が前提とされている。何故ならば，収益と費用との差によって利益を計算する方法では，「投下資本に利益を加えて回収される貨幣等が収益とよばれ，また，そのために犠牲にされた投下資本が費用とよばれ（る）」(飯野［1994］，2-5頁)ことから，投下資本とその回収余剰である利益との区分が不可欠であるからである。別言すれば，「収益費用アプローチに立つわが国の企業会計原則も，その一般原則三において『資本取引・損益取引区分の原則』を掲げている。収益費用アプローチの観点からすれば，かかる区分経理は会計的計算構造の要諦をなすものといえるであろう」(藤井［2004］，101頁)ことになるからである。

以上のように，Anthony［1984］は，まず，非営利組織の会計主体論について，これらの組織が所有主を持たないことからエンティティ観を主張する。そして，この視点から持分を株主持分と主体持分とに区分し，前者については負債と同様に資本コストである持分利子を計算する必要性を説くが，その計算に当たっては，用いるべき利子率決定の困難さだけでなく理論的な問題をも含んでいる。しかし，非営利組織に限れば，所有主を持たないことから株主持分も，そのコストである配当も存在しないことになり，持分利子については考慮外に置くことができるのである。そこで，後者の主体持分は，持分利子を除いて考えることができるため「当該主体の自らの努力によって作り出される」利益剰余金によって構成されていることになる。ところが，非営利組織体では「自らの努力」だけでなく，贈与，契約，寄付といった外部からの資源が流入する。Anthony［1984］は，この外部からの資源を収益ないしは利得と贈与資本とに区分するのである。このため，主体持分は利益剰

余金と（贈与）資本とから構成されることになる。

　では，何故，寄付金等を利益（収益）と資本とに区分するのであろうか。彼は，非営利組織の利益については，サービス提供に関する業績測定値とはなりえず，また多額の利益については当該主体の怠慢を反映している可能性があるとしているが，同時に利益は主体の持分の維持のためには不可欠なものと考えているからである。そして，利益を計算する方法は非営利組織も営利組織も同様であり，「利益は，資本と負債の変化を測定することによって間接的に測定されるのではなく，収益と費用とを測定することによって直接的に測定されるべきである。」（79頁）とするのである。このような収益と費用との差によって利益を計算する方法では，投下資本とその回収余剰である利益との区分が不可欠である。それ故，寄付金等を収益と資本とに区分するというAnthony［1984］の主張について，「収益費用アプローチの観点からすれば，かかる区分経理は会計的計算構造の要諦をなすものといえるであろう」（藤井［2004］，101頁）ことになる。

　さらに，村田［2018］が述べるように，企業会計の主たる目的の1つが利益計算であり，「誰にとって」の利益かの議論を会計主体論とする共通認識があるとすれば（81頁），Anthony［1984］は，非営利・営利組織ともに主体持分の維持を目的とし，この目的を実現するために必要な利益の帰属先を企業主体（エンティティ）であると主張し，この主体持分に属する利益を計算するために寄付金等を資本と利益に区分する必要性を説いたのである。このことは，非営利組織体の利益計算について，目的→会計主体論→資本概念という，論理一貫した主張を行ったことを意味するものであり，それ故，非営利法人の収益事業課税を行うために必要とされる会計主体論とそこから導き出される資本概念について有用な知見を提供するものであるといえるのである。

　しかし，Anthony［1984］の所説について，確認しておくべき問題が1点存在する。それは，利益計算は非営利・営利組織ともに主体持分の維持に貢献するが，非営利組織における業績の測定値とはなりえないとしている主張

である。つまり，Anthony［1984］は，「非営利組織の主要な目標はサービスの提供にあるという一般的な合意はあるものの，ある主体がこの目標をどの程度よく達成したかを，財務会計は報告できない，という一般的な合意もある。」（74頁）としている。何故ならば，営利主体と異なり「多くの非営利主体では相当額の収益が，課税や寄付や助成金などの源泉からもたらされ，これらは提供されたサービスと直接に関連付けられないからである」（74頁）。そのため，利益の額は「サービス提供という目標に照らせば業績の測定値ではない」（74頁）としているのである。この議論は，先に見た池田［2007］がSFACの非営利組織体の概念フレームワークでは「組織体の業績情報」について，これが非営利組織体の主要情報であるにもかかわらず，測定が不能（未開発）なため情報提供を行うことができないとした批判と通底する問題である。そこで，非営利組織における利益計算が業績を表すものであるのか否かについて，さらに検討を加えたい。

5 日野［2021］によるアンソニーの所説とFASBの融合モデル

　日野［2021］は，非営利組織における純利益測定の意義を検討することにより，アンソニーの所説とFASBの会計概念・モデルを融合させた独自の利益計算構造の提案を行っている。

　日野［2021］はまず，アンソニー報告書（Anthony［1978］）[7]，FASB会計概念書（FASB［1980］），FASB非営利組織会計基準書（FASB［1993］），同改定案（FASB［2015］）及び同改定基準（FASB［2016］）の5つの文献を取り上げ，これらに共通する①サービス提供継続能力，②財務的弾力性，③受託責任遂行状況，④財務業績，の4項目が非営利組織の財務報告において提供されるべき情報であるとしている（日野［2021］，30頁。以下，本節の頁数

---

[7]　ここで留意すべきは，アンソニー報告書（Anthony［1978］）はFASBが非営利組織会計概念フレームワーク作成に先立ち，非営利組織会計の現状調査をアンソニーに依頼したその調査報告書（日野［2021］，24頁，注5）であり，先に述べた非営利組織の利益計算の重要性を説くAnthony［1984］とは異なることである。

非営利組織の利益計算と会計主体論　第4章

は日野［2021］からの引用を表す）。

　これら，非営利組織に共通して提供されるべき4項目の情報は，純資産の拘束別区分の果たすべき機能と関連付けて検討された結果，④の財務業績を除き「純資産を拘束に従って区分するという会計観（略）は，非営利組織会計の目的を果たす手段として有用であると考えられる。」（45頁）と結論付けている。つまり，①のサービス提供継続能力の観点からは，「非営利組織がサービスの提供を続けるためには，資源の確保が必要である。その確保が出来ているかどうかを確認するためには，次年度以降の資源確保の程度を示す一時拘束純資産がどれだけあるかで評価できると考えられる。」（35頁）としている。②の財務的弾力性の観点については，「弾力性の高さは次の不等式で表すことができる。

　　　　非拘束純資産　＞　一時拘束純資産　＞　永久拘束純資産
一時拘束純資産と永久拘束純資産の資源移転可能性の程度，すなわち財務的弾力性は明らかに異なるはずである。」（35頁）として拘束性の違いが財務的弾力性の評価に役立つと述べている。③の受託責任遂行状況の観点については，「非営利組織の管理者は通常，多くの使途指令に従わなければならないと考えられる。それには寄付者や管理機構から表明された意図，すなわち拘束がある。」（35頁）ことから，受託資産の運用責任は維持すべき純資産の拘束性に関連付けられることになるのである。

　このように，財務報告において必要な上記①②③に係る情報の提供目的について，純資産を拘束別に区分することがその手段として有用であるとしたが，④の財務業績情報に対してはアンソニーの次の批判を引用している。即ち，アンソニーが営利・非営利組織に共通する会計主体論の立場としてエンティティ観をとることを紹介（69頁）した後，「アンソニーは，FASBの非営利組織会計概念は，資本と収益の区分ができていないと批判している。つまり純資産（主体持分）を拘束と非拘束に区分するのではなく，営業外持分と営業持分に区分する必要性を主張している。」（82頁）とし，財務業績情報の提供（目的）には拘束別の区分が必ずしも手段として有用ではないことを

107

示唆している。そして，「非営利組織の業績評価を行う際の努力と成果の対応関係の意義を明らかにする上でも，避けては通れない検討課題である。」（82頁）として，非営利組織における純利益測定の意義を検討するのである。

日野［2021］は，その意義について，非営利組織が提供すべき情報，意思決定有用性，会計の役割，の視点から明らかにしていくのであるが，とりわけ努力と成果による非営利組織の業績評価に重点を置いている。ここで，努力について，先行研究の分析を踏まえたうえで営利企業とは逆に「非営利組織を継続させていくための経営努力は，資金調達（収益の獲得）が重要な役割を担っていることが理解できる。」（105頁）としている。そして，成果についてもアンソニー報告書（Anthony［1978］）を引用し「アンソニー報告において，提供したサービスのコスト，つまり費用の項目と金額は，非営利組織の努力の成果を評価する財務情報となり得ることが記されている。アンソニー報告書は，その当時の非営利組織会計を取り巻く環境の実態を調査し報告したものであるため，財務情報利用者の実態として極めて信憑性の高いものである。」（107頁）と述べることで実態面からその意義が強調されている。さらに，田尾・吉田［2009］が説く「託されたお金が適正に使われたかどうか，妥当な活動を行われたかどうか，少なくともお金を尺度として量的にチェックすることができる」（田尾・吉田［2009］，110頁）との所説を手掛かりに，「事業報告書などの非財務情報に費用を照らすことで，非営利組織の活動成果が評価できる」（108頁）ものとしている。そして，これらの検討は，「営利企業の業績が利益で評価されるように，非営利組織の業績も利益で評価されうるといえることの証明であった。結果として，非営利組織にとっての努力とは収益の獲得であり，成果は提供したサービスの費用であるということが確認された。そして，その差額である純利益に関する情報は（略）業績評価情報となり得ることを明らかにした。」（110頁）と結論付けている。

では，どのように非営利組織の利益計算が行われるのであろうか。日野［2021］は，アンソニーとFASBの会計概念・モデルを融合させた独自の利益計算構造の提案を行っている。即ち，FASBの拘束概念では，純利益の計

算にゆがみが生じてしまうのであり，その最大の理由について，設備等の有形固定資産を取得するために多額の寄付を受け取った場合の会計処理にあるとしている。つまり，FASBの問題点として，「一時拘束として受け入れた設備取得目的の寄付で，実際に設備等を取得した場合に生じる非拘束純資産の増大（多額の純利益）が挙げられる。また，減価償却に関して，本来は原価ゼロのはずである設備に減価償却を行うことによる非拘束純資産の減少（いわれなき純損失）が挙げられる。」（137頁）としている。しかし，他方において，純資産の分類法について優劣を検討した自らの著作を引用し，アンソニーよりも「受託責任や財務的弾力性の観点からFASBの純資産分類法が有用であると結論づけている。」（116頁）のである。

そこで，日野［2021］は利益計算におけるアンソニーの優位性と純資産分類におけるFASBの有用性を活かした2段階分類法を提唱する。それは，第1段階ではアンソニーに従い営業活動に充当すべき資源と設備等を営業外の資源に分類し，第2段階でFASBに従い拘束の有無を基準とした資源の再分類を行うというものである。この分類法により，上記FASBの欠点である拘束解除による純資産の変動は営業外持分内の係数の変動となるために（つまり，営業持分に影響しないため）多額の純利益の計上を免れることになり，減価償却費についても設備取得分が営業外持分の区分に再分類されていることからそこから減額されるために「いわれなき純損失」が計上されることのない制度設計が可能となるのである（137-138頁）。

このように，日野［2021］は，受託責任や財務的弾力性の観点からFASBの純資産分類法が有用であるとしながらも，利益計算の観点からはこれにゆがみを生じさせないアンソニーによる区分が優れているとしているのである。

なお，SFAC第6号とAnthony［1984］との相違点について，藤井［2004］によれば会計観の違いによるものと説明される。即ち，「アンソニーが拠ってたつ会計観は『収益費用アプローチ』（revenue and expense view）であり，FASBが拠ってたつ会計観は『資産負債アプローチ』（asset and liability view）である」（藤井［2004］，101頁）。アメリカにおいては，「資産負債アプローチ

にもとづく基準設定を指向するFASBによって，事業業績の測定よりも，資産と負債の実在性の表示を優先する非営利組織会計基準が設定されてきた。」（藤井［2004］，104頁）が，「アンソニーの主張の基本的な立脚点は，事業業績の測定を会計の主要機能とする彼の会計観にある。かかる会計観から演繹する形で，アンソニーは，事業活動に対する寄附（事業取引）と資本に対する寄附（資本贈与取引）の区分経理（略）を主張している」（藤井［2004］，101頁）。このことが，両者間に相違を生じさせる原因であると述べている。

　以上，アンソニーの所説とFASBの会計概念・モデルを融合させた独自の利益計算構造の提案を行っている日野［2021］の所説を検討した。その結果，日野［2021］は，純利益に関する情報は業績評価情報となりうる旨を主張したのであり，そのための利益計算方法については純資産（主体持分）を営業外持分と営業持分に区分するAnthony［1984］を支持している。そして，この利益計算方法（利益観）についてAnthony［1984］は，「利益は，資本と負債の変化を測定することによって間接的に測定されるのではなく，収益と費用とを測定することによって直接的に測定されるべきである。」（佐藤訳［1989］，79頁）としていることから，日野［2021］はこの収益費用アプローチを支持していることになる。

6　非営利組織における利益計算と会計主体論との関係

　企業会計の分野では，会計主体論及び資本と利益をめぐる長い議論の歴史がある。しかし，非営利組織において，「誰にとっての利益」であるかを問う会計主体論と，その主体（誰）に属する資本とそこから峻別される利益について，これまで議論がなされてきたのであろうか。この点について，金子［2009］は，「非営利組織の会計における資本（純資産・正味財産）や貸方区分のあり方についてなお多くの論点が未解決のまま残されているのは，資本（純資産・正味財産）に焦点を当てた議論がこれまであまりなされてこなかっ

たためであると考えられる。またその背景には，以下のように，そもそも非営利組織については，企業会計に比べて，資本（純資産・正味財産）の意義が希薄化してしまうような固有の事情があったことが挙げられよう。」(18頁)として4つの理由を挙げている。即ち，①（一部の非営利組織において）複式簿記が採用されてこなかったこと，②貸借対照表と損益計算書の関係が希薄であること，③複数の基準設定主体，会計基準が存在すること，④資金収支が重視され，管理会計の役割も兼ねてきたこと（18-20頁），であるとしている。

　このように，非営利組織における会計主体論及び資本と利益に関する研究がなされてこなかった理由について，本章に即していえば，池田［2007］の批判，即ち，SFACの非営利組織体の概念フレームワークでは「組織体の業績情報」について，これが非営利組織体の主要情報であるにもかかわらず，測定が不能（未開発）なために情報提供を行うことができないからであり，Anthony［1984］のいう非営利組織の主たる収益源である寄付等とその提供するサービスとを直接的に関連付けられないために，利益の額が業績の測定値とはなりえないとする指摘がこれに当たる。

　しかし，利益計算が非営利組織においては有用ではないという見解に対して，宮本［2015］及び日野［2021］は次のように反論する。

　まず，宮本［2015］は，非営利組織会計の基本目的である財務的生存力及び活動業績の評価を可能にするためには，純利益及び当期純資産変動額を表示する必要があるとした。つまり，活動業績の評価は，非営利組織が財貨又は用役を提供するために必要な資源を長期的に受領しうるかを評価するものであり，このためには提供する資源（費用）と受領する資源（収益）とを対比させ，その差額である純利益を示す必要があること。そして，用役を提供し続ける組織体の能力を表す財務的生存力については，業務的フローである純利益額がマイナスであっても，資本的フローと合算することでプラスに転じれば当期において最終的に財務的生存力が維持されると述べている。それ故，財務的生存力と活動業績の評価を可能にするフロー計算書の様式は，「上段において業績評価に資する損益的フローを表示し，下段に資本的フローを

111

表示することで，ボトムラインに当期純資産変動額を表示することができる」
（宮本［2015］，128頁）損益的フロー／資本的フローの2区分式であるとして
いる。

　次に，日野［2021］は，非営利組織の財務報告において提供されるべき情
報として，①サービス提供継続能力，②財務的弾力性，③受託責任遂行状況，
④財務業績，の4項目を挙げ，このうち①〜③については，FASBが示す拘
束別の区分表示が有用だとする。しかし，④財務業績については非営利組織
が提供すべき情報，意思決定有用性，会計の役割，の視点から検討を加えた
後，「提供したサービスのコスト，つまり費用の項目と金額は，非営利組織
の努力の成果を評価する財務情報となり得る」とするアンソニー報告書
（Anthony［1978］）を引用して実態面からその意義を強調している。さらに，
田尾・吉田［2009］の所説を手掛かりに，「事業報告書などの非財務情報に
費用を照らすことで，非営利組織の活動成果が評価できる」（日野［2021］，
108頁）ものとしている。そして，これらの検討は，「営利企業の業績が利益
で評価されるように，非営利組織の業績も利益で評価されうるといえること
の証明であった。結果として，非営利組織にとっての努力とは収益の獲得で
あり，成果は提供したサービスの費用であるということが確認された。そし
て，その差額である純利益に関する情報は（略）業績評価情報となり得るこ
とを明らかにした。」（日野［2021］，110頁）と結論付けている。

　さらに，非営利組織の収益（寄付等）と費用（提供するサービス）との非対
応性を理由として，利益の額が業績の測定値とはなりえないとしたAnthony
［1984］ではあるが，利益は主体持分の維持のためには不可欠なものである
としている。そこで，寄付等として流入する資源について，それを主体持分
である資本贈与しての営業外の資源流入と，受領した期間の収益又は利得と
いう営業活動による資源流入とに区分することを提案する。何故ならば，計
算される「利益は，資本と負債の変化を測定することによって間接的に測定
されるのではなく，収益と費用とを測定することによって直接的に測定され
るべきである。」（佐藤訳［1989］，79頁）からである。

112

以上のように，利益が非営利組織の業績評価になりうるとした日野［2021］は，非営利組織にとって利益計算は不可欠であり，その計算方法は純資産（主体持分）を営業外持分と営業持分に区分するAnthony［1984］を支持するものであった。それ故，利益が非営利組織の業績評価になりうるとしても（日野［2021］），あるいはなりえないとしても主体持分の維持を指向するならば（Anthony［1984］），両者はともに収益と費用との差によって利益が計算されることになる。そして，この方法による場合，原理的に資本とその回収余剰である利益との区分が要求されるため，当該利益（計算）は「"資本と利益の区分"を可能ならしめる」（中田［1961］，470頁）会計主体論によって導出されなければならないことが明確になったのである。

7　おわりに

本章において取り上げた会計主体論に関する議論は以下のとおりである。

まず，池田［2007］については，非営利組織の主要情報をアウトカムとし，これを貨幣的な評価が困難なものと考えていることから，会計主体論及び資本概念には言及していない。また，彼の考察の対象であるSFAC第6号では，純資産の部に拘束別の表示区分を設け，その区分ごとに純資産の増加額を測定する制度設計がなされている。このため，財務諸表の構成要素として純利益を計算する構造ではないことから資本概念及び会計主体論の議論を想定していないことになる。

さらに，宮本［2015］は，非営利組織会計の基本目的を評価するためには純利益の表示が必要であるとし，寄附等を拘束の有無によって業務的フローと資本的フローとに区分することを主張する。しかし，「非営利組織にはそもそも株主資本の概念が存在しないため，寄附金・補助金を企業会計の払込資本と同等のものとみることはできない。かかる意味で，非営利組織会計において寄附金等に資本性は存在しない」（宮本［2015］，76頁）と述べていることから，資本的フローはあくまでも拘束による区分を表すものであり，資

本概念及び会計主体論の議論から導き出された概念ではない。

　そして，日野［2021］は，アンソニーの所説とFASBとを融合させることによって，純利益の測定と受託責任情報の開示が同時にできる純資産概念を提唱したのであるが，自身が記すように[8]資本と収益を峻別するための基準や方法については検討を行っていないのである。

　それ故，本章で取り上げた論者の中ではAnthony［1984］だけが「エンティティ観は非営利組織体の会計において唯一の意味のある見方である。それというのも，これらの組織体は所有主を持たないからである。」（佐藤訳［1989］，70頁）として，会計主体論を正面から議論の俎上に載せている。そして，この視点から持分を株主持分と主体持分とに区分し，前者については負債と同様に資本コストである持分利子を計算する必要性を説くが，その計算に用いるべき利子率の決定については批判が存する。しかし，非営利組織は所有主を持たないことから株主持分はなく，したがって持分利子についても考慮外の要素となる。その結果，非営利組織の持分は主体持分のみとなり，利益の留保分と，寄付等による外部からの資源流入のうちの贈与資本（営業外持分）から構成されるとしている。では何故，Anthony［1984］は会計主体論を議論したのであろうか。その理由については，営利・非営利組織に共通する「主体持分の維持」を目的としているからであり，この目的を実現するために必要な利益の計算主体，つまり「誰にとって」の利益であるかを決定しなければならなかったからである。

　このように，非営利組織の業績評価（日野［2021］）及び主体持分の維持（Anthony［1984］）を目的として利益計算を行う場合には，「これらの組織体は所有主を持たない」が故に，エンティティ観を主張するAnthony［1984］の所説が「唯一の意味のある見方」であることになる。したがって，非営利法人の収益事業から生じる利益（所得）を課税対象とする法人税においても，

8　この点について，日野［2021］は，「本書では，純利益の測定と受託責任情報の開示が同時にできる純資産概念を提唱した。」ため，「本書では，（略）しかし，資本と収益を峻別するための基準や方法については検討を行っていない。」（208頁）として，非営利組織の資本概念について言及していない。

114

この「見方」が妥当することになるのである。

　何故ならば，日本公認会計士協会［2013］のいう「非営利組織には持分概念がないことが多く，この場合，企業会計における資本取引・損益取引区分の原則が成り立たない。」(注60) との主張を否定しうるからである。即ち，本章において検討したAnthony［1984］の所説によれば，非営利組織体は主体持分の維持を目的とし，この目的を実現するために必要な利益の帰属先を企業主体（エンティティ）であるとしている。そして，この主体持分に属する利益を計算するために資本と利益の区分を説いたのである。このことは，非営利組織には所有者に属する「持分概念がない」（日本公認会計士協会［2013］注60）としても，利益の帰属先を企業主体（エンティティ）とすることによって「資本取引・損益取引区分の原則」が成り立つことを意味している。

　同様に，第2章において検討したように，利益の獲得を主たる目的としない非営利法人においても，収益事業を営む場合には「支出（費用）の投入によって稼得される収入（収益）で原価を回収するとともに，それを再投下して事業を継続するという収支の因果的な循環運動」（醍醐［1981］，3頁）から生じた余剰分が課税対象となる。そのため，非営利法人には所有主に属する「持分概念がない」としても，所得（利益）計算を行うためには「資本取引・損益取引区分の原則」が成り立たなければならないのである。

　それ故，非営利法人は所有主を持たないが故に，Anthony［1984］の所説を援用することにより，課税所得の帰属先を主体（非営利法人）とし，この主体持分に属する所得の計算を可能にする企業主体理論（エンティティ観）が収益事業課税においても唯一，依拠することのできる見方であることが明らかとなった。

第 **5** 章

非営利法人の収益事業課税における資本概念

1 はじめに

　前章においては，企業主体理論（エンティティ観）を主張するAnthony
[1984] の所説を援用することにより，非営利法人の収益事業課税における
課税所得の計算が可能となることが明らかとなった。そこで，本章では，当
該課税所得計算において必要となる資本概念の解明を行うものであり，その
際SFAC第4号が示す組織の本質的な特徴（第3の検討事項）に基づいて検
討するものである。

　そのためにまず，非営利組織の資本概念を理論及び制度の視点から抽出す
る。前者についてはAnthony [1984] とSFAC第6号を検討する。そして，
後者の制度的な観点から，公益法人会計基準，学校法人会計基準及び独法基
準をみていきたい。

　これらの資本概念は，非営利組織会計においてとられるものであるが，法
人税は「営利事業から生じた利益に対する税と考えることができるが，そう
いう点からすると，法人税における所得は，基本的には，企業会計における
利益と同じものと考えられる」（朝長 [2006]，369頁）。それ故，非営利組織
会計における資本概念は，非営利法人の収益事業課税における資本概念と共
通性を有していることになる。しかし，では両者はすべての点において一致
しているのか，一致していないとすれば収益事業課税にはどのような要件が
求められ，その結果，非営利法人の収益事業課税においてとられるべき資本
概念はどのようなものであるかが検討されなければならない。

　これらの検討結果から，非営利法人の収益事業の課税所得について，これ
を計算するに必要な資本概念を明らかにするという本書の第2の課題が解決
されるのであり，同時にSFAC第4号に示された非営利組織の本質的な特徴
との関連から論理一貫した形で資本概念を導出するという本書の第3の課題
の達成が図られることになる。

2 アンソニーの資本概念

前章において検討対象とした，池田［2007］，さらには池田［2007］が論じたSFAC第4号及び第6号，宮本［2015］，日野［2021］そしてAnthony［1984］のうち，非営利法人の会計主体論について明示的に論じたのはAnthony［1984］のみであった。そこで，まずはAnthony［1984］が説く資本概念について検討したい。

Anthony［1984］は，「エンティティ観は非営利組織体の会計において唯一の意味のある見方である。それというのも，これらの組織体は所有主を持たないからである。」（佐藤訳［1989］，70頁）として，会計主体論を正面から議論の俎上に載せている。その理由として，「主体持分の維持」に必要な利益の計算主体，つまり「誰にとって」の利益であるかを決定しなければならないからであるとしている。そして，この主体持分に属する利益を計算するために，寄付等による資源流入を主体への贈与たる資本（贈与資本）と，営業活動に関連して流入する資源（収益）とに区分する必要性を説いたうえで，両者を区分する「基本的な拠り所は寄付者の意図である。」（佐藤訳［1989］，215頁）と結論付けている。

しかし，Anthony［1984］のいう「寄付者の意図」がどのような内容を有するものなのかについては必ずしも明確であるとはいえない。この点について，Anthony［1984］は「非営利組織における営業外の寄付の主要な形態は，その利益だけが営業目的で使われうる基本財産基金への寄付と，資本資産（たとえば，建物や設備や美術館の収集物）への寄付である。」（佐藤訳［1989］，214頁）としている。そして，このような，営業外の寄付が収益として計上された場合にどのような弊害が生じるかについて次の事例を示している（佐藤訳［1989］，215頁）。

ある大学のある会計期間に1,900万ドルの収益と2,000万ドルの費用とが生じたならば，持分は維持されたことにはならない―損得なしの点まで達しな

かったのである。その期間中に基本財産に200万ドルの寄付を受け付けたとし，この200万ドルが収益とみなされるならば，損益計算書はその大学が100万ドルの利益を上げたように示すであろう。しかし，1,900万ドルの収益と2,000万ドルの費用との差額の100万ドルの損失をこうむったというのがより現実的な見方である。その大学の営業活動がこの規模の収益と費用を持続するならば，それは，面倒な方へ進んでいるのであるから，このため，営業外の寄付はそれらを受け取る期の利益計算から除かれるべきなのである。

　つまり，Anthony［1984］は，基本財産基金や資本資産への寄付は資本取引であり，これを利益（収益）と混同することは非営利組織体の存続を危うくするものとしているのである。しかし，「営業と営業外の寄付の区別はいつも明確とは限らない。たとえば，ある寄贈者の遺言は慈善組織への遺贈を指示するだけで，その使い道について何の記載もないかもしれない。この場合には，その寄付が営業目的か営業外目的かについての判断がなされなければならない。その額が通常の営業の寄付に照らして相当の額であれば，寄贈者の意図を判断することは困難であり，会計担当者が解決できる権限を超えた議論を引き起こすだろう。（略）営業上の寄付と営業外の寄付との区別は，ある程度までは基準において詳細に説明されようが，上記のような疑問を解決するには判断が要求されるだろう。基本的な拠り所は寄贈者の意図である。」（佐藤訳［1989］，214-215頁）としている。

　このことから，Anthony［1984］のいう「主体持分の維持」は，①寄贈者の意図と，②寄贈された資源の持つ機能，の両面から判断されることになる。即ち，①寄贈者の意図については，明確であることが求められる。しかし，遺贈だけが指示されて「その使い道について何の記載もない」場合も想定されていることから，寄贈者の意図という「疑問を解決するには判断が要求される」のである。この判断は，非営利組織体の内部者によって行われることから，Anthony［1984］のいう「寄贈者の意図」は文字どおりの寄贈者が行った意思表示だけではなく，寄贈者の意図を内部者が判断し決定することまでも含まれると解釈できるのである。そして，②寄贈された資源の持つ機能

については，彼が「基本財産基金」と「資本資産」を例示していることからすると，受領した資源が非営利組織体の経営活動にとっての基礎（基盤）を構成するものであると解釈される。そのため，寄贈者の意図が明確であったとしても，組織体の経営活動から判断して基礎となるものでなければ「主体持分の維持」には該当しないことになる。さらに，資本資産の例として，建物，設備，美術館の収集物を挙げている点に留意すべきである。美術館の収集物は非償却資産の例示であり，建物と設備は償却資産を示すものである。このことから，彼が「主体持分の維持」について，償却・非償却資産のいずれについても視野に入れているものと解釈できる。

　以上，Anthony［1984］の視点からは，「外部及び内部者の意図に基づき非営利組織体の経営の基礎（基盤）を構成するもの」を「主体持分の維持」，即ち，資本であると解釈できるのである。なお，この維持の対象となる資産には，永久拘束のみならず一時拘束及び非拘束の償却・非償却資産が含まれると解釈される。

3 SFACの資本概念

　これに対して，SFAC第4号及び第6号では，Anthony［1984］とは異なり非営利組織体の会計主体論について特に規定を設けていない。さらに，前章「2. SFAC第4号及び第6号を批判的に論じた池田［2007］」においてみたように，非営利組織体の純資産についても「残余請求権」を意味し，それは営利企業のような「残余財産分配請求権」とは関わりのない，単に資産から負債を控除した残額の意味を有するに過ぎなかった。では，非営利組織体の会計主体論についてこれを推察する手掛かりはないのであろうか。

（1）会計主体論

　この点について，SFAC第4号が非営利組織体の財務情報利用者について定めた規定に着目したい。同号パラグラフ29（本節では，SFAC第4号及び第

6号の翻訳は，平松・広瀬訳［2010］に拠っている）では，「現在および将来の情報利用者には，会員，納税者，寄付者，交付者，与信者，仕入先，債権者，従業員，管理者，取締役および管財人，用役受益者，証券アナリストおよび財務顧問，証券ブローカー，証券発行引受業者，弁護士，エコノミスト，税務当局，監督官庁，立法機関，経済新聞社および報道機関，労働組合，商工団体，調査機関，研究者ならびに学生がある。」としている。会員，寄付者，交付者そして用役受益者などの非営利組織体特有の利害関係者を含む，非営利組織体の社会的な活動に関連した利害関係者を網羅するものである。このことから，SFAC第4号では，会計主体論としてAnthony［1984］と同様にエンティティ観をとっているものと考えるのである。何故ならば，誰の視点から資本利益計算がなされているかという論点，即ち，会計主体論について述べた徳賀［2014］によれば，「IASBおよびFASBの概念フレームワーク・プロジェクトでは，特定の利害関係者の視点から会計計算を行わない（つまり，エンティティの視点から会計計算を行う）と明言されている（FASB and IASB［2006］)」として，特定の利害関係者が予定されていない場合には，すべての利害関係者に対して企業は経済主体の立場から会計計算を行うものと考えられるからである（304頁）。別言すれば，特定の所有主に属さない非営利組織体は，主体そのものの活動と状況について報告すべきであり，これはAnthony［1984］がいう「財務諸表は一会計主体についての報告をすべきである。その場合の会計主体は，その資源が一人の人物か，あるいは単一の運営団体，あるいは責任を負う構成員と同じくするいくつかの運営団体によって統制されている，ひとつの経済主体である。」（佐藤訳［1989］，viii頁）とする主張と合致するものと考えられるのである。

　しかしながら，SFAC第4号及び第6号は，企業主体理論（エンティティ観）から資本概念を導き出すものではない。即ち，前章「2．SFAC第4号及び第6号を批判的に論じた池田［2007］」において検討したように，非営利組織体は，営利組織における出資者請求権を持たないため「残余請求権」とイコールであるからである。つまり，第6号は「持分または純資産は（略）

非営利法人の収益事業課税における資本概念　**第5章**

常に純資産（資産 − 負債）に等しい。これが純資産が残余請求権である理由
である。」（par.222）とのことから，営利企業のような「残余財産分配請求権」
とは関わりのない，単に資産から負債を控除した残額の意味を有するに過ぎ
ない。そのため，「誰の立場ないしはどのような立場から，会計上の判断を
行うべきか」（飯野［1994］，1-18頁）という会計主体論から導出された概念
ではないからである。

　以上，SFAC第4号及び第6号が，どのような会計主体論をとり，そこか
ら導き出される資本概念をいかに規定しているのかについて検討した。その
結果，SFAC第4号及び第6号は，「特定の利害関係者の視点から会計計算
を行わない（つまり，エンティティの視点から会計計算を行う）」（德賀［2014］，
304頁）という意味において，Anthony［1984］のエンティティ観と合致す
ることが明らかとなった。しかし，資本概念は資産から負債を差し引いた差
額であるため，つまり会計主体論から導出された資本概念ではないことから
利益（所得）計算を可能とするものではない。そのため，第6号では寄付等
を例にとれば，負債の定義を満たさず，さらには「非営利組織体には営利企
業の場合の出資者と同じ意味での所有主または所有主との取引がな（い）」
（par.108）ために，非営利組織における主要な資金源泉である寄付等の贈与
のすべてが収益ないしは利得として処理される（par.113）ことになるのであ
る。このことは，非営利法人の収益事業課税において資本（元利金）を定め
ずに所得（利益）計算を規定している法人税基本通達と同様の問題，即ち，
損益計算の中にAnthony［1984］のいう資本取引が混入する結果を招くの
である。

（2）純資産の区分表示の意味

　SFAC第6号のように，すべての寄付等を利益として計上する処理は，非
営利組織会計においては有用であるのかもしれない。しかし，非営利法人の
収益事業課税を考える場合，あらゆる贈与が利益（所得）として課税対象と
なることは，寄付等が主要な収入源である非営利法人の存続を危うくする可

能性があるといわざるをえないのである。そこで，この問題については，SFAC第6号が表示上，非営利組織体の純資産を永久拘束純資産，一時拘束純資産，非拘束純資産の3区分としていること（par.91）と関連させながら検討してみたい[1]。

1）区分表示の意義

　まず，何故，純資産を区分表示するのかについては，次のように考えられる。即ち，SFAC第4号において，「非営利組織体は，少なくとも非営利組織体にとって入手可能となった資源が，資源提供者その他の関係者に満足のいく水準で用役を提供するのに必要とされる資源と等しくない限り，長期的に，その活動目的を達成し続けることはできない。」（par.39）としている。これを受け，SFAC第6号では，「非営利組織体は営利企業と同様な意味での出資者請求権または利益を有していないが，それにも関わらず非営利組織体は『一期間の資源の流入と流出の関係』を反映させるために，資本維持の概念またはそれと同様の概念を必要とする。」（par.103）としている。つまり，SFAC第6号では，財務諸表の構成要素として純資産を挙げているものの，その中に利益計算を行うために不可欠な資本概念を欠いたものとなっている。しかし，非営利組織体の存続のためには「資本維持の概念またはそれと同様の概念を必要とする」ことから，財務諸表の構成要素としての資本（純資産）概念を修正・変更するのではなく，「同様な概念」として表示上の区分問題に代替させる解決策を選択しているのである。

　そこで，区分表示される資本の概念とは何かが問われるわけであるが，まず，パラグラフ103において規定されている「資本維持」についてみてみたい。この資本維持については，続くパラグラフ105において，「非営利組織体

1　純資産を3区分する方法は，1993年の会計基準書第117号『非営利組織体の財務諸表』（SFAS第117号）に引き継がれているが，2016年にこのSFAS第117号のアップデートを行った『非営利組織（トピック958）：非営利組織の財務諸表の表示』（ASU 2016-14）では，純資産を「寄付者により拘束される純資産」（net assets with donor restrictions）と「寄付者により拘束されない純資産」（net assets without donor restrictions）の2区分としている（Summary, What Are the Main Provisions? ,1.）。

における純資産の維持は，営利企業（パラグラフ72）の場合と同様に貨幣資本維持に基づいている。」としている。パラグラフ72では，「貨幣資本維持は伝統的な見解であり，現在の主要財務諸表においては一般にはこの資本維持概念がとられている。パラグラフ70で定義された包括的利益（営利企業の包括利益－引用者）は，貨幣資本からの利益である。」と述べている。それ故，SFAC第6号のいう資本維持概念は貨幣資本維持であり[2]，この概念から包括的利益が計算されることから利益計算において用いられている資本概念は貨幣資本概念であることになる。

　なお，法人税法においては，25条1項又は33条1項の規定により原則として（売買目的有価証券を除き）評価益又は評価損は益金の額又は損金の額に算入しないと規定している。さらに，法人税基本通達15-2-2では，「収益事業以外の事業の用に供していた固定資産を収益事業の用に供するため，これにつき収益事業に属する資産として区分経理をする場合には，その収益事業の用に供することとなった時における当該固定資産の帳簿価額によりその経理を行うものとする。」と規定していることから，非営利法人の収益事業課税においても，名目貨幣資本維持をとっているものと考えられる。

　次に，純資産の3区分の意味内容について検討していきたい。

　1つ目の永久拘束純資産とは，「寄贈者が永続的に維持しなければならないと規定している資産の寄付を受領することによって生じるものである」（par.120）。つまり，「非営利組織体の純資産のうち，（a）時の経過によって消滅せず，または組織体の行為によって遂行されず，別の方法でも除去されないような，寄贈者によって課せられた規定によって，その組織体による使用が制限されるような寄付その他の資産の流入，（b）同種の規定によるその他の資産増加および減少，および（c）寄贈者によって課せられた規定の結

2　齋藤［2013］によると，資本の性格による資本維持概念は，貨幣資本維持概念と物的資本維持概念に区分され，前者はさらに名目資本維持概念と，実質資本維持概念に区分され，後者は実体資本維持概念がこれに当たるとしている（402-403頁）。そこで，貨幣資本維持概念についてはさらに2つに区分されるわけであるが，SFAC第6号及び第4号においては貨幣資本維持概念を細分化していない。そのため，本書では，SFAC第6号のいう「資本維持」は貨幣資本維持であると結論付けるに留めるものとする。

果として純資産を他の区分から（または他の区分へ）再分類，から生じた部分である」(par.92)。なお，1993年に公表された『非営利組織体の財務諸表』(SFAS第117号）においては，具体例として「(a) 特定の目的のために使用され，保存され，売却しないという条件で寄贈された土地や芸術作品。(b) 永続的な基金を創設する目的で，恒久的な収入源を得るために投資するという条件付きで寄贈された資産。」(par.14) を挙げている。

2つ目の一時拘束純資産は，「特定されたとおりに資産を利用することによって消滅するような，または遂行および除去されうるような寄贈者の規定を伴う寄付に関連している」(par.124)。そのため，永久拘束とは対照的に「受領する組織体の活動を遂行するために，その性質からして消費されまたは使用し尽くされるか，または経済的便益を無限に提供しうる場合には規定された期日以降に保有する必要がない資産に関連している」(par.124)。つまり，一時拘束純資産は，「時間拘束」と呼ばれる「彼らの寄贈を直ちに消費せずに，後の期間においてまたは特定の期日よりも後に使用するように規定するもの」と，「目的拘束」と呼ばれる「彼らの寄贈を特定の計画または用役を支援したり，特定の建物を取得したり，特定の負債を返還するような特定目的に使用するよう規定する」(par.99) ものに区分される。両者はともに「寄贈された資産が費消されうるという点で共通である。これらの拘束は一時的である。規定が満たされれば，拘束は消滅する。」(par.99) のである。なお，非営利法人の収益事業課税との関係からは，このような一時拘束が付された寄付等が行われた期間と，その拘束が解除され用役が提供された期間との時間的な差異に注意を要する。即ち，「寄付資産の受領—収益または利得—と用役を提供する際に事後的に起こる負債の発生または資産の減少—費用—は，それが発生する期間に認識される別々の事象である。」(par.151) ことから，一時拘束には期間的対応が考慮されていないからである。

3つ目の非拘束純資産は，「非営利組織体の純資産のうち寄贈者によって課せられた規定によって永久的にも一時的にも拘束されない部分すなわち純資産のうち，(a) 永久拘束純資産または一時拘束純資産ではない全ての収益，

非営利法人の収益事業課税における資本概念　**第５章**

費用，利得および損失，（b）寄贈者によって課せられた規定，時の経過によるその消滅，それらの規定に従った組織体の行為による遂行および除去の結果として，純資産を他の区分から（または他の区分へ）再分類すること。」（par.94）である。なお，SFAS第117号によれば，非拘束純資産の具体例として「一般的に，サービスの提供，商品の生産と配送，非拘束の寄付の受け取り，および収益を生み出す資産への投資からの配当または利息によって生じる収益から，サービスの提供，商品の生産と配送，寄付の募集，および管理機能にかかる費用を控除することで生じる。」（par.16）としていることから，収益－費用＝損益という，営利法人の行う損益計算と共通する規定であるといえる。

２）表示区分における資本概念

　では，このような表示上の区分において，どのような資本概念を規定しているのか検討したい。

　SFAC第６号では，永久拘束と非営利組織体の資本とを結び付けることに関して次のように述べている。即ち，「永久拘束の資源流入（例えば基金の寄付）は，時々，営利企業に対する『資本』の流入—出資者による投資—に似ているといわれる。しかし，本ステートメントで指摘するように，非営利組織体の純資産と営利企業の持分の特徴とその変動は，類似しているというよりは相違している。例えば，出資者による投資とは異なり，永久拘束のある資産の寄贈は，債権者に支払うための現金の源泉とはならない。さらに出資者と寄贈者の権利は，基本的に異なる。永久拘束の寄付を受ける非営利組織体は，その拘束を遵守するだけの債務を負うのである。非営利組織体は，その寄贈者の財務的効益のためではなく，その役務を受ける者の効益のために一般に活動している。」（footnote66）として，永久拘束の資源流入と営利企業に対する「資本」の流入との類似性を否定しているのである。

　しかし，このような相違は，第１に寄贈が特定の資産の拘束と結び付いているからであり，第２に出資は有価証券の発行を伴う双務契約であるのに対

127

し寄付は無償譲渡を約した片務契約であること，そして第3には非営利組織体の活動（非営利組織体から役務を受ける者の効益のために寄贈がなされる）の特性に起因するに過ぎない。それ故，SFAC第6号は，このような差異を根拠として，非営利組織体が「『一期間の資源の流入と流出の関係』を反映させるために，資本維持の概念またはそれと同様の概念を必要とする。」（par.103）ことを否定しているわけではない。別言すれば，営利企業の資本と非営利組織体の維持すべき資本とは相違するものであるが，その違いを根拠として利益計算に必要な資本の役割それ自体を否定するものではないと考えられるのである[3]。むしろ，利益計算を行うためには資本が不可欠であるという認識の下で，非営利組織体において資本たりうる拘束とは永久拘束，一時拘束，ないしは非拘束のいずれであるのか，が問われなければならないのである。

　そこで，主体持分を，Anthony［1984］のいう営業外持分と営業持分とに区分し，それぞれについてFASBの拘束性概念とを組み合わせた2段階分類法（融合モデル）を提唱する日野（［2021］，196-197頁）の議論を参考にしたい。日野［2021］の分類法によれば，主体持分はまずAnthony［1984］による分類法である営業持分と営業外持分とに区分され，次にそれぞれがSFAC第6号の非拘束と拘束とに区分される。そのため，**図表5-1**の①～④の組み合わせとなる。しかし，「融合モデルにおいては，一時拘束と永久拘束の区分は行っていない」（日野［2021］，187頁）ため，日野［2021］の非拘束と拘束の区分とSFAC第6号の一時拘束と永久拘束とがどのような関係にあるのかの検討が必要となる。

3　酒井［1933］は，「アンソニー教授のように株主の残余請求権（残余権益）を否定し，いわゆる株主の持分が株式の擬制資本にかかわるだけとなった『営利企業に対する「資本」の流入—出資者による投資—』には，非営利組織体の永久拘束の資源流入（たとえば基金の寄付）に近い性格を見いだすことができる面もある。」（18頁）と指摘している。そのうえで，「それゆえ，営利企業と非営利組織体の両者を包摂する概念枠組形成を意図する限り，諸概念ステートメント第6号にみられる『持分（純資産）』と『負債』の区別や営利企業の持分のうちの『出資者による投資』と非営利組織体の『純資産』の一構成要素である『永久拘束純資産』の相違を主張する見解には再考を要する点があるように思われる。」（18頁）としている。

図表5-1　アンソニーの分類法とSFAC第6号の区分法との結合関係

出典：日野［2021］，175頁及び197頁から筆者作成

　まず，この組み合わせのうち，①の営業持分の非拘束については，サービスの提供（営業）に直接使用される資源であるため，非拘束純資産が該当すると考えられる。次に，②は，営業持分であることから非営利組織体が営業活動に自由に処分できる資源でありながら「拘束」を受けている状態をいう。一見矛盾するが，例えば，イベントなどに使用する条件で寄贈された場合や，営業活動に使用する固定資産を購入するよう指定された事例が考えられる。それ故，②の事例は時間的な経過や目的の達成によって解除される「拘束」であるために，一時拘束純資産が該当することになる。そして，③の営業外持分の非拘束という事例については，寄付者からの拘束がないにもかかわらず営業外持分となるため矛盾を感じるが，そのような事例がないわけではない。その1つは，贈与資本（営業外）として拘束を受けて使用していた資源が，時間拘束ないし目的拘束が解除されることにより非拘束となった場合である。今ひとつは，何らの指示も受けない資源ではあるが，建物や設備などの寄贈を受けた場合である。前者は一時拘束純資産の解消であり，後者は非拘束純資産に該当すると考えられる。最後の組み合わせである④営業外持分の拘束については，永久拘束純資産と一時拘束純資産を表すと考えられる。

　このように，主体持分である永久拘束純資産，一時拘束純資産及び非拘束純資産が，それぞれ営業持分と営業外持分とに混在しているのである。このうち，資本維持に関連するのは，③と④である。④については，営業外持分

が拘束性を有しているため永久拘束純資産と一時拘束純資産がこれに属していることに矛盾はない。しかし，③のうち，非拘束でありながら営業外持分に属する非拘束純資産についてはAnthony［1984］との違いが生じることになる。即ち，先に述べたように，Anthony［1984］は「非営利組織における営業外の寄付の主要な形態は，その利益だけが営業目的で使われうる基本財産基金への寄付と，資本資産（たとえば，建物や設備や美術館の収集物）への寄付である。」（佐藤訳［1989］，214頁）としていることから，非拘束の資源であったとしても，それが資本資産であった場合には営業外持分に分類するのである。これに対して，SFAC第6号では，非拘束純資産は「永久的にも一時的にも拘束されない部分」（par.94）であるため，営業外持分には該当しないものといえる。

　なお，④の営業外持分に属する一時拘束純資産については，永久拘束と異なり時間拘束と目的拘束がやがて解消される点に注意を要する。つまり，その使用によって消滅していく償却資産や，土地などの非償却資産であったとしても目的の達成によって処分することが可能となることから，すべての一時拘束が営業外持分になるのかが問題となるのである。この点について，SFAC第6号では，非営利組織体には「資本の維持の概念またはそれと同様の概念を必要とする」（par.103）と述べた後に，「非営利組織体がその純資産を維持しないかぎり，継続して用役を提供する能力は減少する。すなわち，将来の資源提供者が不足を補わなければならないか，または将来の受益者に対する用役が減少するかのいずれかである。」（par.104）として資本維持の概念を具体化している。さらに，SFAC第4号を引用して，「非営利組織体は，少なくとも非営利組織体にとって入手可能となった資源が，資源提供者その他の関係者に満足のいく水準で用役を提供するのに必要とされる資源と等しくない限り，長期的に，その活動目的を達成し続けることはできない。」（footnote48）と補足しているのである。

　それ故，SFAC第6号において営業外持分に分類されるのは，永久拘束純資産と「長期的に，その活動目的を達成し続ける」ために必要とされる一時

非営利法人の収益事業課税における資本概念　**第5章**

拘束純資産[4]であると解釈されるのである。

4　非営利組織の会計基準にみる資本概念

　本章の２．，３．では，利益と区分される資本について，Anthony［1984］
とSFAC第６号を手掛かりに理論的な観点から検討を行った。そこで，本節
では，制度上の視点から，非営利組織の会計基準では何をもって資本とする
のか，について考察したい。しかし，Anthony［1984］の資本概念は，利益
計算を前提とするものであった。これに対して，非営利組織は利益の獲得を
目的としてはいないことから検討対象とする会計基準には独法基準を除き「資
本」の用語をみいだすことはできない。

　そこで，SFAC第６号を参考としたい。何故ならば，SFAC第６号では，
非営利組織体には「資本維持の概念またはそれと同様の概念を必要とする」
（par.103）として，直接的な利益計算を目的としてはいないものの「非営利
組織体は，少なくとも非営利組織体にとって入手可能となった資源が，資源
提供者その他の関係者に満足のいく水準で用役を提供するのに必要とされる
資源と等しくない限り，長期的に，その活動目的を達成し続けることはでき
ない。」（footnote48）ことから，資本維持のための「コアとなる」（金子
［2009］，17頁）資本概念を抽出することが可能であったからである。そこで，
SFAC第６号は，永久拘束，一時拘束，非拘束という「拘束」による区分を
資本維持の根拠としていたことから，これを参考として各会計基準において
資本たりうる「拘束」とは何かを検討していくこととする。なお，対象とす
る非営利法人の会計基準については，第２章「3. 非営利法人の会計規定から
みた課税所得の選択基準」において考察対象とした独立行政法人，公益法人，

4　なお，注１で示したように，FASBは2016年に『非営利組織（トピック958）：非営利組織の財
務諸表の表示』（ASU 2016-14）を公表し，純資産を「寄付者により拘束される純資産」と「寄
付者により拘束されない純資産」の２区分としている。しかし，本節で検討したように，資本
たりうるものか否かの判断は，永久拘束純資産と一時拘束純資産とに区分したうえで，さらに
一時拘束純資産の差異（「長期的に，その活動目的を達成し続ける」か否か）に着目するもので
あるため，純資産を３区分するSFAC第６号が妥当するものと考える。

131

学校法人及びNPO法人の各会計基準とする。

（1）独立行政法人会計基準

1）概要

　独法基準（以下，基準番号のみを示す）では，財務諸表の体系として貸借対照表，行政コスト計算書，損益計算書，純資産変動計算書，キャッシュ・フロー計算書，利益の処分又は損失の処理に関する書類，附属明細書を定めている（第42）。このうち，貸借対照表については，表示上，資産の部，負債の部，純資産の部に3区分（第50）され，純資産の部は，資本金，資本剰余金，利益剰余金（又は繰越欠損金），評価換算差額に分けられる（第57）。さらに，純資産は，「資産から負債を控除した額に相当するものであり，独立行政法人の会計上の財産的基礎及び業務に関連し発生した剰余金から構成されるものをいう。」（第18，1）と定義され，「資本金，資本剰余金及び利益剰余金」（第18，2）に分類される。ここで，「会計上の財産的基礎」とは，「政府等からの出資のほか，出資と同じく業務を確実に実施するために独立行政法人に財源措置されたものであり，独立行政法人の拠出者の意図や取得資産の内容等が勘案されたものをいう」（注11，1）。そして，「業務に関連し発生した剰余金」とは，「独立行政法人通則法（平成11年法律第103号）第44条の利益処分の対象となる利益に関連し発生した剰余金であり，独立行政法人の会計上の財産的基礎とは区別されるべきものをいう」（注11，2）。

　さらに，科目との関連からいえば，「資本金及び資本剰余金は独立行政法人の会計上の財産的基礎であり，また利益剰余金は独立行政法人の業務に関連し発生した剰余金である」（注11，3）。別言すれば，「会計上の財産的基礎」と「業務に関連し発生した剰余金」は，前者が資本取引，後者が損益取引から生じるものである。つまり，独法基準の「第1章　一般原則」の「第5　資本取引・損益取引区分の原則」により，「独立行政法人の会計においては，資本取引と損益取引とを明瞭に区別しなければならない。」のであり，「独立行政法人の会計において，資本取引と損益取引とを区別するに当たっては，

132

『第18 純資産の定義』における独立行政法人の会計上の財産的基礎の変動と独立行政法人の業務に関連し発生した剰余金の変動との区分に留意する。」（注4）旨規定しているのである。

　このように，独法基準では『企業会計原則』一般原則の三「資本取引・損益取引区分の原則」の前段と同様の規定を置いている。そして，資本取引を「会計上の財産的基礎の変動」と定義していることから，資本は「会計上の財産的基礎」を構成するものとなる。具体的には，注解注11，1において「政府等からの出資」「独立行政法人に財源措置されたもの」「独立行政法人の拠出者の意図」「取得資産の内容等」が勘案されたものをいうとしているが，この他に「中期計画及び中長期計画に定める『剰余金の使途』として固定資産を取得した場合」（注12，2（3）），「中期計画等の想定の範囲内」（注12，2（4））という中期計画との関連による区分基準も存在する。このうち，「政府等からの出資」に該当するものは資本金であり，「資本金とは，独立行政法人の会計上の財産的基礎であって，独立行政法人に対する出資を財源とする払込資本に相当する。」（第19資本金等，1）内容を有している。この「政府等からの出資」には民間による出捐は含まれず，当該出捐は資本剰余金として処理される（注13，1）。そして，出資以外の資本＝「会計上の財産的基礎」の用件については，「取得資産の内容等」とこれに対する独立行政法人に財源措置される目的の相違や外部拠出者の意図及び法人内部の中期計画等との組み合わせによって資本剰余金となるものが決定されることになる。これらの組み合わせについては次のとおりである。

　資本剰余金を計上する場合とは，「（1）国からの施設費により非償却資産又は『第87 特定の資産に係る費用相当額の会計処理』を行うこととされた償却資産を取得した場合。（2）国又は地方公共団体からの補助金等により非償却資産を取得した場合。（3）中期計画及び中長期計画に定める『剰余金の使途』として固定資産を取得した場合。（4）中期計画等の想定の範囲内で，運営費交付金により非償却資産を取得した場合。（5）中期計画等の想定の範囲内で，寄附金により，寄附者の意図に従い又は独立行政法人があ

らかじめ特定した使途に従い，非償却資産を取得した場合」（注12，2）である。

　つまり，独立行政法人に財源措置される目的の相違により，その目的が固定資産の取得である「施設費」により非償却資産を取得した場合には資本剰余金となる。しかし，本来の目的ではない「運営費交付金」によって固定資産を取得した場合には，それが非償却資産であったとしても中期計画と関連しない取得であれば資本剰余金とはされない。そして，償却資産を取得した場合，運営費交付金，補助金等による取得は資本剰余金とはならないが，施設費による償却資産の取得は，基準「第87」の適用があるものについては資本剰余金となる。この基準「第87」は，出資者である国によって資産の更新に必要な財源が予定されている償却資産に関する規定であるため（注13），「独立行政法人が保有する償却資産のうち，その減価に対応すべき収益の獲得が予定されないものとして特定された資産については，当該資産の減価償却相当額は，損益計算上の費用には計上せず，資本剰余金を減額するものとする。」（第87，1）旨，規定している。

　独立行政法人に財源措置される「運営費交付金」，「施設費」，「補助金等」については以上であるが，法的な根拠によらずに広く一般から拠出される「寄附金」については4つの処理が想定される。即ち，①財産的基礎に充てる目的の出捐については，すでに述べたように資本剰余金とされる。そして，②「独立行政法人の拠出者の意図」（注11，1）が特定されている場合には，中期計画の範囲内で非償却資産を取得した場合には資本剰余金とされる（注12，2（5））。さらに，③中期計画の範囲内で独立行政法人があらかじめ特定した使途に従って非償却資産を取得した場合も資本剰余金として処理される（注12，2（5））。最後に，④寄附者も法人も使途を制限していない場合には，非償却資産を取得したとしても資本剰余金とすることはできないのである。

非営利法人の収益事業課税における資本概念　第5章

2）Anthony［1984］の資本概念との対比

　では，これらの規定が，Anthony［1984］の資本とどのように関係するのかについてみてみたい。

① 資源提供に関する外部及び内部者の意図

　Anthony［1984］は，資本の要件として，「①資源提供に関する外部及び内部者の意図」，を挙げている。これに対して，独法基準では外部者の意図とされるのは資本金及び資本剰余金のうちの，（1）国からの施設費により非償却資産又は「第87 特定の資産に係る費用相当額の会計処理」を行うこととされた償却資産を取得した場合，（2）国又は地方公共団体からの補助金等により非償却資産を取得した場合であると規定されている（注12，2）。さらに，内部者の意思により資本とされる項目としては，（3）中期計画及び中長期計画に定める「剰余金の使途」として固定資産を取得した場合，（4）中期計画等の想定の範囲内で，運営費交付金により非償却資産を取得した場合，（5）中期計画等の想定の範囲内で，寄附金により，寄附者の意図に従い又は独立行政法人があらかじめ特定した使途に従い，非償却資産を取得した場合である。このように，独法基準ではAnthony［1984］と同様に，「①資源提供に関する外部及び内部者の意図」を資本の構成要素としている。

② 提供された資源の持つ機能

　独法基準では，資本取引を「会計上の財産的基礎の変動」と定義している。ここで，「会計上の財産的基礎」とは，「政府等からの出資のほか，出資と同じく業務を確実に実施するために独立行政法人に財源措置されたものであり，独立行政法人の拠出者の意図や取得資産の内容等が勘案されたものをいう。」（注11，1）とされる。この「業務を確実に実施するために独立行政法人に財源措置されたもの」との記述は，Anthony［1984］が想定する資本，即ち，「②受領した資源が非営利組織体の経営の基礎（基盤）を構成するもの」，とした資本の概念に類似するものである。しかし，Anthony［1984］は提供さ

135

れた資源について，建物などの償却資産と美術館の収集物などの非償却資産を区分して例示しているが，償却資産の減価分をどのように維持するのかについては明らかにしていない[5]。

　この点について独法基準は，上記「①」の（1）〜（5）に示したように，「第87 特定の資産に係る費用相当額の会計処理」を除いて非償却資産を取得した場合にのみ資本剰余金としているのである。しかし，例外とされるこの基準「第87」は，出資者である国によって資産の更新に必要な財源が予定されている償却資産に関する規定（注13）であるため，償却資産であったとしても資本剰余金として保持されることになる。さらに，寄附金のうち独立行政法人の財産的基礎に充てる目的で民間からの出捐を募集した場合には，資本剰余金として計上する（注13，1）ことになるため，このような寄附金によって得た償却資産も，それが「会計上の財産的基礎を構成する」と認められることから資本（資本剰余金）とされる。このように，Anthony［1984］は償却資産がどのように維持されるのかについて明示していないが，独法基準では「第87」の資産及び民間からの出捐については，償却資産であってもそれが「会計上の財産的基礎を構成する」場合には資本を構成するものと規定している。

　それ故，独法基準はAnthony［1984］が主張する資本の要件である，「①資源提供に関する外部及び内部者の意図」と，「②受領した資源が非営利組織体の経営の基礎（基盤）を構成するもの」，を含む内容となっていた。このため，独法基準は，非営利法人の収益事業課税における資本概念を考える場合の1つの現実的なモデルを提供するものであるといえる。

5　非営利組織体の減価償却について日野［2021］は，アンソニーが「営業上の資源で獲得した設備等は営業資源を獲得して賄うべきであるが，元々原価ゼロのはずの設備等（寄贈資産）の減価償却が純利益に影響を与えるようなことがあってはならない」と指摘して，減価償却を行うことに批判的であったと述べている（122頁）。しかし，減価償却費を利益計算に参加させるか否かということと，やがて廃棄せざるをえない償却資産をどのように維持するかとは別の問題であるため，償却資産の減価分をどのように維持するのかについては明らかにしていないと考える。

（2）公益法人会計基準

　公益法人会計基準（内閣府公益認定等委員会［2008a］。以下，基準番号のみを示す）では，財務諸表の体系として貸借対照表，正味財産増減計算書，キャッシュ・フロー計算書を定めている（第1総則，3）。

　このうち，貸借対照表については，資産の部，負債の部及び正味財産の部に3区分し，さらに正味財産の部は，指定正味財産及び一般正味財産に区分しなければならない（第2貸借対照表，2）としている。このうち，指定正味財産とは，「寄付によって受け入れた資産で，寄付者等の意思により当該資産の使途について制約が課されている場合には，当該受け入れた資産の額を，貸借対照表上，指定正味財産の区分に記載するものとする。」（注解，注6）として，外部の資源提供者（寄付者等）の意思による制約を条件とするものである。なお，正味財産の部は，借方側との対応関係から「指定正味財産及び一般正味財産のそれぞれについて，基本財産への充当額及び特定資産への充当額を内書きとして記載するものとする。」（第2貸借対照表，2）規定を置いている。ここで，基本財産とは「定款において基本財産と定められた資産」であり，特定資産とは「特定の目的のために使途等に制約を課した資産」（内閣府公益認定等委員会［2008b］，12.（1））をいう。

　このように，公益法人会計基準には独法基準の定める資本概念は存在しない。さらに，純資産の用語も使われていない。しかし，貸借対照表を資産の部，負債の部及び正味財産の部に3区分しているため，貸借対照表等式（資産＝負債＋純資産）から資産－負債＝正味財産（純資産）の等式が成立するものと考えるのである。

　さらに，関係省庁連絡会議申合せ［2004］によれば，「正味財産増減計算書の様式について，当期正味財産増減額を増加原因及び減少原因に分けてその両者を総額で示す様式（フロー式）に統一するとともに，正味財産の増加原因を収益とし，減少原因を費用として表示する。」（1 会計基準の設定及び改正の経緯等，（2）エ）としている。このような，収益を正味財産の増加原

因とし，費用を正味財産の減少原因とする捉え方は，SFAC第6号が収益及び利得を「純資産を増加させる非営利組織体のすべての資源流入その他の資産の増加または負債の軽減」，費用及び損失を「純資産を減少させるすべての資源の流出その他の資産の使用または負債の発生」と定義している（par.111）ことと類似するものであり，このことからも正味財産が純資産と実質的に同様の概念であることが理解できる。

　しかし，独法基準とは異なり，正味財産の部の内訳として資本概念を表す資本金等の区分は行われていない。その代わりに，正味財産の部は，「当該資産の使途について制約が課されている場合」か否かによって，指定正味財産及び一般正味財産に区分される（注解，注6）のである。このうち，指定正味財産として計上される額は，「寄付によって受け入れた資産で，寄付者等の意思により当該資産の使途，処分又は保有形態について制約が課せられている場合の当該資産の価額をいうものとする。」（内閣府公益認定等委員会[2008b]，7）と規定している。そして，この「使途の制約」，「処分の制約」及び「保有形態の制約」について，「①使途の制約とは，寄付を受けた資産をどのように使用するかについて制約が課されている場合であり，例えば，30周年事業又は会館の改修に使用を限定する等，特定の支出に寄付の使途が制約されている場合が考えられる。②処分の制約とは，言い換えれば維持に関する制約であり，寄付者等に永久的な維持又は一定時点までの維持の意思があり，その意思を承知して寄付の受入れを行ったような場合の制約をいい，例えば，永久の維持，10年，5年などの一定期間の維持や特定の事業の目的が達成されるまでなどの特定時点までの維持等が考えられる。③保有形態の制約とは，寄付者等が寄付する資産をどのように保有するかについて指定する場合であり，例えば，寄贈を受けた土地・建物をそのままの状態で使用することや株式を譲渡せずそのまま保有することを求められる場合等が考えられる。」（日本公認会計士協会[2016b]，Q13，A）としている。

　このうちの「処分の制約」に着目すると，「寄付者等に永久的な維持」を求められたものと，「一定時点までの維持」である「一定期間の維持」及び「特

定の事業の目的が達成」されるまでの維持，が区分されている。前者は，SFAC第6号の永久拘束に，後者は一時拘束における時間拘束と目的拘束との区分に該当するものと考えられる。そこで，永久拘束と一時拘束の観点から「使途の制約」を考えると，制約された使途を実行した場合にその結果が永久拘束となるものと一時拘束になるものとに区分されうるのである。つまり，日本公認会計士協会［2016b］の「Q18」では，「指定正味財産に区分されていた寄付を一般正味財産に振り替える（つまりは一時拘束の解除－引用者）場合とは，どのような場合でしょうか。」との問に対して，「寄付者等の使途の指定に従って財産を費消したこと等により，使途の制約が解除された場合である。」（同，Q18，A）と説明している。それ故，永久拘束は「寄付者等の使途の指定に従って」「財産を費消」せずに，「使途の制約が解除」されない場合であり，それ以外の一時拘束は拘束の解除に伴って一般正味財産に振り替えられることになる。

さらに，「保有形態の制約」として例示された「寄贈を受けた土地・建物をそのままの状態で使用すること」と「株式を譲渡せずそのまま保有すること」について，永久拘束と一時拘束の観点からみてみたい。

例示のうち，土地については，「財産を費消」せずに保有し続けることが可能であることから永久拘束に該当する。しかし，償却資産である建物については，減価償却を通じて拘束が解除されることから一時拘束に属することになり，償却に伴い一般正味財産に振り替えられることになる。そして，株式などの有価証券については，「指定正味財産に区分される寄付によって受け入れた有価証券の会計処理について指定正味財産に区分される寄付によって受け入れた有価証券を時価又は償却原価で評価する場合には，従前の帳簿価額との差額は，正味財産増減計算書上，指定正味財産増減の部に記載するものとする。」（注解，注11）としている。つまり，有価証券の時価評価や償却原価法による価額の変動は，当該有価証券に対する指定の解除ではないが帳簿価額に変化をもたらすため，このような変動は正味財産増減計算書の指定正味財産増減の部に記載するとともに，指定正味財産の期末残高を貸借対

照表に表示することになる。それ故,「保有形態の制約」が課された株式等については,その価額は変動するものの指定は解除されないため,「保有形態の制約」が「そのまま」である限り永久拘束と考えられるのである。

このように,公益法人会計基準では,資産から負債を差し引いた残額を正味財産の部とし,さらに指定正味財産及び一般正味財産に区分していることから,純資産を2区分しているが,このうち指定正味財産の内容について外部の資源提供者(寄付者等)の意思による制約を条件としたうえで,さらに「処分の制約」,「使途の制約」,及び「保有形態の制約」によって,SFAC第6号と同様に永久拘束と一時拘束とに区分しているとの結論を得たのである。しかしながら,SFAC第6号が「長期的に,その活動目的を達成し続ける」ために必要とされる一時拘束資源を資本であると考えるのに対し,公益法人会計基準においては,一時拘束の資源のうち償却資産は拘束の解除に伴って一般正味財産に振り替えられることから,資本とみることはできない。その理由としては,非営利組織体への寄贈は,借方側の特定の資産と貸方側の拘束を受ける純資産とが緊密に結び付いている点を挙げられる。つまり,受領した資源が,SFAC第6号の視点からは資本に該当したとしても,実務上(会計基準上)からは借方側の資産が減価償却によって残存価額がゼロとなった場合に,貸方側の純資産が永久に保持されていると考えることができないからである。

それ故,公益法人会計基準の資本概念は,一時拘束を含まない「外部資源提供者の意図による永久的な拘束」である。

(3)学校法人会計基準

1)概要

学校法人会計基準(以下,基準条項のみを示す)では,財務計算に関する書類を計算書類としている(1条)。計算書類の体系は,資金収支計算書,事業活動収支計算書,貸借対照表とこれらに付属する各種内訳表,明細表からなっている(4条)。

このうち，貸借対照表については，資産の部，負債の部及び純資産の部に3区分し（32条），さらに純資産の部は，基本金と繰越収支差額に区分表示される（別表第3）。このうち，基本金は，「学校法人が，その諸活動の計画に基づき必要な資産を継続的に保持するために維持すべきものとして，その事業活動収入のうちから組み入れた金額を基本金とする。」（29条）としている。さらに，これを第1号から第4号までの種類に区分し，それぞれに相当する金額を基本金に組み入れるよう要請している。

　第1号基本金は，固定資産を中心とした基本金の組入を規定したものであり，①設立当初に取得した固定資産で教育の用に供されるものの価額，②新たな学校の設置のために取得した固定資産の価額，③既設の学校の規模の拡大若しくは教育の充実向上のために取得した固定資産の価額である（30条1号）。

　第2号基本金は，①学校法人が新たな学校の設置のために将来取得する固定資産の取得に充てる金銭その他の資産の額と，②学校法人が既設の学校の規模の拡大若しくは教育の充実向上のために将来取得する固定資産の取得に充てる金銭その他の資産の額である（30条2号）。第2号基本金の対象資産は，「将来において要組入高対象資産である第1号基本金対象資産の取得源資となることが計画されている」「いわゆる先行組入れの計画的，段階的な実行を明らかにしようとするもの」（日本公認会計士協会［2014］，1-2A）である。

　第3号基本金は，「基金として継続的に保持し，かつ，運用する金銭その他の資産の額」（30条3号）であり，「第3号基本金の対象となる資産には，元本を継続的に保持運用することにより生じる果実を教育研究活動に使用するために，寄付者の意思又は学校法人独自で設定した奨学基金，研究基金，海外交流基金等が該当」（日本公認会計士協会［2014］，1-3A（1））することになる。

　そして，第4号基本金は，「恒常的に保持すべき資金として別に文部科学大臣の定める額」（30条4号）であり，ここで「恒常的に保持すべき資金」の額を基本金とする趣旨は，「学校法人は必要な運転資金を常時保持していなければ諸活動が円滑にできないから」（日本公認会計士協会［2014］，1-5A）

であるとされている。

　このように，学校法人会計基準は公益法人会計基準とは異なり純資産の用語を用いているが，同基準と同様に資本概念を規定していない。しかし，「学校法人が，その諸活動の計画に基づき必要な資産を継続的に保持するために維持すべきものとして」（29条）基本金を定めている。ここで，「継続的に保持する」について，日本公認会計士協会［2014］では次のように説明している。即ち，「継続的に保持する」とは，「ある資産が提供するサービス又はその資産の果たす機能を永続的に利用する意思を持って，法人がその資産を所有するということである。したがって，（1）にいう『その諸活動の計画に基づき必要な資産』であっても，当該資産を取得した時点で将来取替更新する必要がないことが明らかな資産は，基準にいう『継続的に保持する』に該当しないと解すべきであろう。また，法人が永続的に利用する意思を持って基本金設定の対象となる資産を取得した場合であっても，その後の法人の経営の合理化，将来計画の見直し等により当該資産を永続的に利用する必要がなくなった場合には，その時点で『継続的に保持する』ことに該当しなくなったと解すべきであろう。」（1-1A（2））としている。そして，「保持するために維持すべき」とは，「学校法人は，それぞれの建学の精神にのっとり，あらかじめ計画した教育研究等の諸活動を行うために必要な資産の価額を継続的に保持すべきものとして定め，基本金組入対象として当該価額を維持し続けることを担保するのが基本金制度であり，これが『保持するために維持すべき』の意味となる。」（1-1A（3））としている。

　つまり，基本金は「ある資産が提供するサービス又はその資産の果たす機能を永続的に利用する意思を持って，法人がその資産を所有」しうるよう，その資産価額を「継続的に保持すべきものとして定め，基本金組入対象として当該価額を維持し続けることを担保する」ために設けられた勘定科目である。別言すれば，「帰属収入のうちで学校法人の永続的維持のために必要不可欠となる資産の源泉収入を消費支出に充当させないために把えられた貸方勘定」（日本公認会計士協会［2007］，1-6A（3））であるといえる。それ故，「永

続的に利用する意思」によって拘束される永久拘束の特徴を有しているといえるのである。

しかし，学校法人会計基準はSFAC第6号及び公益法人会計基準とは次の2つの点において異なっている。

2）学校法人会計基準の特徴

1つには，SFAC第6号及び公益法人会計基準の永久拘束は，外部の資金拠出提供者の意図による拘束であったのに対し，学校法人会計基準の基本金は「永続的に利用する意思」，即ち，内部者の意図に基づいた拘束による点である。このことについて，「第3号基本金の対象となる資産には，元本を継続的に保持運用することにより生じる果実を教育研究活動に使用するために，寄付者の意思又は学校法人独自で設定」（日本公認会計士協会［2014］，Q1-3）するとした規定は，「寄付者の意思」が基本金組入の要件とされているように思われる。

しかし，日本公認会計士協会［2007］では，第2号基本金及び第3号基本金の計画的組入に関する「Q&A」において，「基準第30条第2項では，『前項第2号又は第3号に規定する基本金への組入れは，固定資産の取得又は基金の設定に係る基本金組入計画に従い行うものとする。』とありますが『組入計画に従い』とは，どういうことですか。」（1-4）という問に対し，「第2号基本金又は第3号基本金の設定は，固定資産の取得計画又は基金の目的を明らかにした上で計画的に行わなければならず，理事会（評議員会が決議機関である場合には評議員会を含む）の決議も必要であるということである。また，正規の決定機関は，長期的な資金計画に基づく適正規模の計画であるかどうか，学校法人財政の健全性，あるいは学生に係る修学上の経済的負担の軽減の観点も検討し，諸活動の計画を図るべきである。なお，理事会のみが決定の権限を有する場合であっても，将来の継続的予算措置にかかる事柄であるので，決定に先立ち，あらかじめ評議員会の意見を聞いておくことが望ましい。」（1-4）と回答しているのである。それ故，第3号基本金において

外部資源提供者の意図があったとしても，最終的な決定権は「正規の決定機関」，即ち，内部の意思決定機関であることになる[6]。

　2つ目の違いは，償却資産の取扱である。償却資産は，経済的な価値の減価が生じる資産であるため，永久に拘束することは通常不可能である。そのため，例えば，独法基準において資本剰余金となる資産の取得については，施設費，補助金，運営費交付金及び寄附金のいずれの場合であったとしても非償却資産の取得に限られている（注12，2）。唯一，「第87　特定の資産に係る費用相当額の会計処理」を行う場合には償却資産の取得であっても資本剰余金とされるが（注12，2），その理由は当該償却資産が買い換えを予定しているために当初の取得価額が保持されていることによるものである。

　学校法人会計基準では，基本金を「学校法人が，その諸活動の計画に基づき必要な資産を継続的に保持するために維持すべき」（第29条）金額としている。しかし，維持すべき資産が償却資産であった場合には，減価償却によって減少した固定資産の額に応じて基本金の額を減少させた場合，基本金本来の役割が果たせないことになる。

　この点について，日本公認会計士協会［2007］は，「基本金対象資産は，減価償却によりその帳簿価額が減少していますが，それにつれて基本金も減少するでしょうか。」（1-7）の問に対して，「基本金対象資産の帳簿価額は，減価償却により減少するが，それにつれて基本金は減少しない。その理由は，そのもつ財産維持のための計算構造にあり，詳細は1-6を参照のこと。」（1-7）と回答している。そして，その「1-6」では「財産維持のための計算構造」については，「帰属収入のうちから施設設備関係支出に相当する額を，『基本金』として組み入れながら，この基本金組入れ対象とされた施設設備の取得

6　ここでは，第2号基本金と第3号基本金について触れたが，第1号基本金についても「学校法人が，当該資産について，その諸活動の計画に基づいて，永続的に，必要な資産と判断したときは，第1号基本金組入対象資産となる。」（日本公認会計士協会［2007］，2-1）として，計画に基づく学校法人の判断，によって組み入れられるとしている。そして，第4号基本金については，「恒常的に保持すべき資金として別に文部科学大臣の定める額」（学校法人会計基準30条4号）であることから，当該金額については文部科学大臣によって定められてはいるが，その組入の決定は学校法人の「正規の決定機関」が行うものと考えられる。

価額について減価償却を実施している」からだとしている。即ち、「減価償却は、固定資産の価値の減少額を消費支出として認識し、一会計期間の消費収支計算を正しく行うために必要であるばかりでなく取替更新のための資金を内部留保することができる。これらを行うのは、学校法人を永続的に維持するため、すなわち、学校法人に必要不可欠な資産を自己資金で維持することを目的とするためである。言い換えるならば、もし、両者の双方又は一方を行わない場合には、学校法人に必要不可欠な資産の耐用年数が終ったとき、その取得原価に相当する資金を法人内に確保しておくことはできないという理由に基づくものである。」(1-6) としている。

つまり、固定資産に減価が生じたとしても基本金が減らない理由としては、1つには、減価償却の自己金融作用（機能）の効果によって資産の更新に必要な資金の内部留保が行われるからであるとしている。しかし、このような減価償却の自己金融作用は減価償却を行う法人であれば誰でもが享受できるのであり、学校法人に限ったことではない。そこで、2つ目として、減価償却費と同額の帰属収入（事業活動収入）を基本金に組み入れることによって資金の確保を行っているのである。なお、この帰属収入の基本金組入は減価償却を行う都度ではなく、規定上は対象となる固定資産を購入した時点において一括して行われることになるが、将来の事業活動収入から減価償却費合計額（取得原価）を控除して資金を留保しておく処理は、これまでに検討した非営利法人にはみられない特徴である。

このように、学校法人会計基準によって設定される基本金は、「永続的に利用する意思」によって拘束される永久拘束の特徴を有しているが、当該「意思」は外部の資源提供者によるものではなく「内部の意思決定機関の決定による」ものであることが確認できたのである。さらに、寄付等によって取得した償却資産は、やがて費消されるために永久に保持されるとは考えられないが、学校法人会計基準では費消額を帰属収入（事業活動収入）から基本金に組み入れる工夫がなされていることから、維持される資源には償却資産を含むことになる。

それ故，学校法人会計基準における資本概念は，資金の留保を手当てされた償却資産を含む「内部者の意図による永久的な拘束」である。

（４）NPO法人会計基準

NPO法人会計基準（以下，基準番号のみを示す）では，財務諸表として活動計算書及び貸借対照表の作成を定めている（8）。このうち，貸借対照表については，資産の部，負債の部及び正味財産の部に３区分している（注解9）。

正味財産の部の意味内容について，NPO法人会計基準協議会［2017］「実務担当者のためのガイドライン Q&A」では次のように説明している。「資産から負債を引いた差額が，そのNPO法人の正味の財産だということで，正味財産と呼びます。したがって貸借対照表では必ず，

資産の合計　＝　負債の合計　＋　正味財産の合計

という関係になっています。（略）いくら利益を追求しないと言っても，正味財産がマイナスになってしまったら，どうでしょうか。正味財産がマイナスということは，資産より負債の方が多いということですから，負債が返せません。NPO法人といえども最低限の正味財産を維持することは必要なのです。このように正味財産の残高とその増減は，お金の面から組織が維持できるかどうかを表すものなので『財務的生存力』の重要な部分を示しているといえます。せっかく寄付をしたNPO法人がすぐにつぶれてしまったのでは，困りますから，寄付をしたり，会員になったりする人にとって重要な情報です。」（Ⅲ 8-1）としている。

さらに，「使途等が制約された寄付金等の取扱い」について，「寄付等によって受入れた資産で，寄付者等の意思により当該受入資産の使途等について制約が課されている場合には，当該事業年度の収益として計上するとともに，その使途ごとに受入金額，減少額及び事業年度末の残高を注記する。」（27）としている。このうち，当該寄付金の重要性が高い場合の処理については，「（1）貸借対照表の正味財産の部を，指定正味財産及び一般正味財産に区分

非営利法人の収益事業課税における資本概念　**第5章**

する。（2）活動計算書は，一般正味財産増減の部及び指定正味財産増減の部に区分する。（3）使途等が制約された寄付等を受入れた場合には，当該受入資産の額を貸借対照表の指定正味財産の部に記載する。また寄付等により当期中に受入れた資産の額は活動計算書の指定正味財産増減の部に記載する。（4）使途等が制約された資産について，制約が解除された場合には，当該解除部分に相当する額を指定正味財産から一般正味財産に振り替える。（5）指定正味財産から一般正味財産への振替額の内訳は財務諸表に注記する。」（注解22）としている。

　このように，NPO法人会計基準では，「お金の面から組織が維持できるかどうかを表すもの」として正味財産の部を意義付けている。さらに，使途等が制約された寄付金等を受け入れた場合には，当該事業年度の収益として計上するとともに，その金額，減少額及び残高を注記する方式をとっているが，重要性が高い場合には正味財産の部を指定正味財産及び一般正味財産に区分し，当該寄付金の額を指定正味財産に記載する。そして，この指定が解除された場合には一般正味財産へ振り替えて内訳を注記するものとしている。なお，これらの規定からは，制約が解除される寄付金，即ち，一時拘束の寄付金についてはその処理が明示されているが，永久に拘束される寄付金についてはその存在自体について明らかにされていない。

　NPO法人会計基準は，これまで取り上げた3つの会計基準と比較して非常に単純化されている。その理由としては，「NPO法人会計基準策定の経緯と経過」（NPO法人会計基準協議会［2010b］）によれば，「小規模な法人が多いことがNPO法人の大きな特徴です。内閣府の調査によれば，収入規模が500万円以下の法人が全法人の半分を占めるとまで言われています。このような小規模な法人の大半が，第15項で述べた出納帳（現金預金の出納帳－引用者）だけの経理を行っています。」(18)という現実がある。これについて，NPO法人会計基準を策定した「NPO法人会計基準策定委員会」は「アメリカの会計基準や公益法人会計基準の方法は難解で，はたしてNPO法人に理解してもらえるかについて疑問視する声が多くありました。さらに正味財産

147

を二つに分ける方法は，同じ寄付金等が最初にもらった時は指定正味財産の増加となり，使途通りに使用された場合に今度は一般正味財産の部の増加となって，あたかも二重に計上されているように見えるという欠点があります。」(42) との解釈を行っている。そこで，「結局委員会（「NPO法人会計基準策定委員会」をいう－引用者）は，まずわかりやすくするために，寄付金等を受け取った年度で収益に計上することとしました。そして使途に制約のある場合は，その使途ごとに寄付金等の受入額，減少額，次期繰越額を注記することを原則としました。（略）この注記方式が原則であるという点がNPO法人会計基準の特徴の一つとなっています。」(43) としてNPO法人会計基準が簡略化されている理由について説明している。

　以上のことから，NPO法人会計基準の特徴として，「組織の維持」の指標を正味財産の部に負わせていること，そして，使途等が制約された寄付金等については，原則として収益に計上するが，重要性が高い場合には指定正味財産として区分することから，外部からの制約（拘束）が正味財産の部の構成要素となりうる場合もあることになる。

　このように，NPO法人会計基準では，使途等が制約された寄付金等については収益に計上するのであり，重要性が高い場合においても指定が解除された場合には一般正味財産へ振り替えられることから，永続的な拘束を予定していないと考えられる。つまり，NPO法人会計基準においては，資本概念は規定されていないといえる。

　それ故，NPO法人会計基準は資本概念を持たないことが判明したのだが，むしろ，このような簡便的な会計基準を有する組織にこそ収益事業課税における資本概念が不可欠であるといえる。

5　収益事業課税における資本概念

　これまでの検討から，Anthony［1984］，SFAC第6号及びNPO法人会計基準を除く非営利組織の会計基準について，資本となる概念を抽出した。即

ち，Anthony［1984］は，資本概念を①資源提供に関する外部及び内部者の意図と，②提供された資源の持つ機能，つまり，受領した資源が非営利組織体の経営の基礎（基盤）を構成するものであるのか否か，の両面から判断されるとしていた。SFAC第6号は，資本を外部資源提供者の意図による永久拘束資源と「長期的に，その活動目的を達成し続ける」ために必要とされる一時拘束資源としていた。公益法人会計基準では，資本を一時拘束を含まない「外部資源提供者の意図による永久的な拘束」であるとしたのに対し，学校法人会計基準では，資金の留保を手当てされた償却資産を含む「内部者の意図による永久的な拘束」をいうものとしていた。そして，独法基準ではAnthony［1984］のいう「①資源提供に関する外部及び内部者の意図」及び「②受領した資源が非営利組織体の経営の基礎（基盤）を構成するもの」，とした資本概念を定めていたのである。なお，NPO法人会計基準は簡略化された基準であるため，資本概念を規定するものではなかった。

　このような非営利組織会計において必要とされる資本概念は，以下で検討する収益事業課税における資本概念と共通の機能を有している。即ち，1つには，Anthony［1984］が，利益であればその主体は無限に活動を継続することができるであろうし，反対に損失であればその主体は倒産に陥ることになる（佐藤訳［1989］，74頁）と表現し，SFAC第4号が「非営利組織体は，少なくとも非営利組織体にとって入手可能となった資源が，資源提供者その他の関係者に満足のいく水準で用役を提供するのに必要とされる資源と等しくない限り，長期的に，その活動目的を達成し続けることはできない。」（平松・広瀬訳［2010］，par.39）とした資本維持の役割を果たすのである。さらに，資本概念を明確にすることにより，投下資本と利益とが混同されることによる弊害，即ち，①企業の利益が過大又は過少に表され，②特に，資本を利益とすれば，資本の一部が配当や法人税などの形で企業外部に流出してしまい，単純再生産はおろか，縮小再生産の過程をたどらざるをえなくなる（飯野［1994］，2-23頁）というリスクを回避することができる。

　しかし，非営利組織会計における資本概念とは異なり，収益事業課税にお

ける資本概念であるためには次の3つの要件と合致する必要がある。

（1）会計主体論からの導出

　第1に，本書では，目的→会計主体論→資本概念という論理一貫した理論体系の構築を目指すことから，資本概念は会計主体論から導出されたものでなければならないのである。

　即ち，川口［1996］は，「税法会計の最も重大な特質は，税法会計が内在的に課税所得決定の論理を持っていないことである。（略）商法や企業会計原則がなければ，税法が適正な課税所得を決定できないというのは，税法会計は極めて不完全，不徹底なものであり，一つの会計の体をなしていないというべきである。」(27頁) と主張している。確かに，現行の限定列挙方式は，場当たり的であり，資本を規定しないままに収益事業から生じる課税所得を算定していることは，「一つの会計の体をなしていない」といえるのかもしれない。そこで，本書は，非営利法人の収益事業課税という範囲内ではあるが，非営利組織の根本に立ち返った理論的な検討を行い，その特徴に基づく考察から，目的→会計主体論→資本概念という一貫性を持った論理を構築することによって，「税法会計は極めて不完全，不徹底なものであ（る）」とする批判に答えようとするものである（本書の第3の課題）。

　さらに，会計主体論は会計の根本的な立脚点を示し，会計の実質論を形成するものであると主張される（不破［1959］，105頁）。そのため，「会計主体の確立は，企業会計における基本的問題としての"資本と利益の区分"を可能ならしめる。すなわち，先ず，利益の帰属すべき会計主体は何であるかが決められることによって資本及び利益概念が規定される訳であり，この意味において先ず会計主体概念の検討が必要となる」（中田［1961］，470頁）。そこで，会計主体論から資本及び利益概念を導出することが会計理論上からも必須であることが理解できる。それ故，収益事業課税を行うために導出される資本概念は，前章において検討した「所有主を持たない非営利組織の会計において唯一の意味ある見方」である企業主体理論（エンティティ観）に適

合するものでなければならない。

　この点に関し，Anthony［1984］は非営利法人の会計主体を企業主体理論（エンティティ観）によるものとしたうえで，「外部及び内部者の意図に基づき非営利組織体の経営の基礎（基盤）を構成するもの」という資本概念を導き出している。これに対し，SFAC第4号及び第6号は，「特定の利害関係者の視点から会計計算を行わない（つまり，エンティティの視点から会計計算を行う）」（徳賀［2014］，304頁）という意味において，Anthony［1984］のエンティティ観と合致する。しかし，資本（純資産）概念は資産から負債を差し引いた差額であるため，会計主体論とは関係を持たない（導出されない）概念である。即ち，第6号は「非営利組織体には営利企業の場合の出資者と同じ意味での所有主または所有主との取引がな（い）」（par.108）ために，非営利組織における主要な資金源泉である寄付等の贈与のすべてが収益ないしは利得として処理される（par.113）ことになるのである。このことは，損益計算の中にAnthony［1984］のいう資本取引が混入する結果を招くのである。

　さらに，公益法人会計基準では，資本を一時拘束を含まない「外部資源提供者の意図による永久的な拘束」であるとしているのに対し，学校法人会計基準では資金の留保を手当てされた償却資産を含む「内部者の意図による永久的な拘束」をいうものであった。それ故，出資者以外の主体に属する持分（拘束）を認めているため企業主体理論を想起させる。しかし，両会計基準ともに，制度上は当該持分の増殖である利益計算に関する規定を定めてはいないため，会計主体論から資本概念を導出するものではない。そして，独法基準では，国による出資を受け入れていることからすると所有主理論を前提としていることになる。

　しかし，「資本剰余金とは，独立行政法人の会計上の財産的基礎であ（り）」（第19，2），例えば「独立行政法人が固定資産を取得した場合において，拠出者の意図や取得資産の内容等を勘案し，独立行政法人の会計上の財産的基礎を構成すると認められる場合には，相当額を資本剰余金として計上する。」（注12，1）としていることから出資者以外の主体に属する持分を認めてい

るため，企業主体理論とも考えられる。つまりは，折衷的な会計主体論を採用していることになる。

そのため，資本概念は，所有主理論から「資本金とは，独立行政法人の会計上の財産的基礎であって，独立行政法人に対する出資を財源とする払込資本に相当する」（第19，1）とされ，企業主体理論から「資本剰余金とは，独立行政法人の会計上の財産的基礎であって，贈与資本及び評価替資本が含まれる。」（第19，2）と導出される。

このように，本書では，目的→会計主体論→資本概念という論理一貫した理論体系の構築を目指すことから，さらには会計理論上から，資本概念は企業主体理論から導出されたものでなければならない。この要件に合致するのは，Anthony［1984］と折衷的ではあるが独法基準である。

（2）所得計算原則への適合性

第2の要件として，法人税法において規定する課税標準は所得の金額であることから，資本概念は所得計算の原則を定める法人税法22条4項を前提としたものでなければならない。

即ち，法人税法では，所得の金額は別段の定めがあるものを除き，益金の額から損金の額を控除することにより算定される（法法22条1項）。ここで，益金の額とは資本等取引を除く収益の額であり，損金の額は資本等取引を除く売上原価，販売費及び一般管理費等の額と損失の額である（法法22条2項，3項）ことから，その差額は企業会計上の利益と類似している。しかし，非営利法人は制度上，利益の獲得を目的としていないために独法基準を除いて利益を計算する規定を置いていない。

そこで，それぞれの会計基準が利益計算を指向しているか否かに関わらず，課税所得の基礎となる利益を算定するための構造を有しているか否かについて検討する必要が生じる。別言すれば，課税所得の計算は，法人税法22条1項から3項において規定されるとともに，公正処理基準（法法22条4項）により企業会計（非営利組織会計）の基礎の上に成立するものである。このため，

本書において資本概念を明確化したとしても，非営利組織会計の基礎的な構造において利益計算が可能でなければ，その役割を果たすことができない（適用できない）ことになる。それ故，利益の獲得を主たる目的としない非営利組織であったとしても，法人税法22条4項との関係から利益計算が可能な会計構造を有していなければならないことになる。

　利益計算について，Anthony［1984］は，利益計算の重要性について次のように述べている。即ち，「損益計算の最終数値の意味は営利主体と非営利主体とでは異なりはするものの，その最終数値は，双方のタイプの主体において重要な意味を持って（いる）」（佐藤訳［1989］，74頁）のであり，「利益は，資本と負債の変化を測定することによって間接的に測定されるのではなく，収益と費用とを測定することによって直接的に測定されるべきである。」（佐藤訳［1989］，79頁）としている。そして，SFAC第6号は，「純資産を増加させる非営利組織体のすべての資源流入その他の資産の増加または負債の軽減は，収益か利得のいずれかであり，営利企業の収益または利得に類似した特徴を有している。同様に，純資産を減少させるすべての資源流出その他の資産の使用または負債の発生は，費用か損失のいずれかであり，営利企業の費用または損失に類似した特徴を有している。」（平松・広瀬訳［2010］，par.111）として，純資産概念の違いはあるものの，営利企業と同様に収益から費用を控除する利益計算が行える構造となっている。

　さらに，公益法人会計基準では，「正味財産増減計算書は，一般正味財産増減の部及び指定正味財産増減の部に分かち，更に一般正味財産増減の部を経常増減の部及び経常外増減の部に区分するものとする。」（第3，2）としているが，その増減について関係省庁連絡会議申合せ［2004］によれば，「正味財産増減計算書の様式について，当期正味財産増減額を増加原因及び減少原因に分けてその両者を総額で示す様式（フロー式）に統一するとともに，正味財産の増加原因を収益とし，減少原因を費用として表示する。」（1 会計基準の設定及び改正の経緯等，（2）エ）としている。そのため，収益から費用を控除した差額については「当期経常増減額」という名称を用いるものの，

153

利益を計算できる構造を有している。

　そして，学校法人会計基準について，文部科学省［2016］によれば，事業活動収支計算書が「当該会計年度の活動に対応する事業活動収入及び事業活動支出の内容及び基本金組入後の均衡の状態を明らかにする」（10頁）目的で作成される。ここで，「事業活動収入」は帰属収入とイコール（10頁）であり，その内容は「純資産の増加をもたらす収入＝収益」（5頁）とされ，「事業活動支出」は消費支出とイコール（10頁）であり，その内容は「学校法人の純資産の減少をもたらす支出＝費用」（5頁）とされる。そのため，「帰属収支差額＝帰属収入－消費支出＝純資産増加額＝収益－費用＝利益」（5頁）の計算が行われることになる。

　さらに，独法基準では，「第1章　一般原則」の「第5　資本取引・損益取引区分の原則」により，「独立行政法人の会計においては，資本取引と損益取引とを明瞭に区別しなければならない。」のであり，この原則に基づき「損益計算書は，独立行政法人の運営状況を明らかにするため，一会計期間に属する独立行政法人の全ての費用とこれに対応する全ての収益とを記載して当期純利益を表示しなければならない」（第46）と規定している。

　このように，Anthony［1984］，SFAC第6号及び非営利法人の各会計基準は，利益計算を指向するか否かに関わらず利益の算定が可能であることが判明した。それ故，本章において検討した非営利組織の資本概念は，公正処理基準（非営利組織会計）を基礎として成り立つ収益事業の課税所得金額の計算に適用可能であることが明らかとなったのである。

（3）拘束の意図の決定

　第3の要件として，外部者の意図が常に明確であるとは限らないことから，資本概念は内部者による「拘束の意図」を含まなければならないことがある。

　例えば，「外部資源提供者の意図による永久的な拘束」であるとして資本概念の中に内部者の意図を含まない公益法人会計基準においても，外部者の意図に関する不明確さへの対応が求められている。即ち，内閣府公益認定等

委員会［2015］においては，「（略）寄附者が亡くなっている場合には当該寄附者の意思を関係者に聴くことによって使途を明確化することができるときは，当該寄附者の意思により明確に使途に制約がかけられているものと考えられる。あるいは，既に定められている法人内部の寄附金に関する規程等によって寄附者の意思の範囲内で具体的な事業を特定することができるか，又は具体的な事業に配分することができるときには，当該寄附の意思により明確に使途に制約がかけられているものとみなしても差し支えないものと考えられる。」（19頁，V3③使途の制約）としている。

　このことはつまり，Anthony［1984］が，「営業と営業外の寄付の区別はいつも明確とは限らない。たとえば，ある寄贈者の遺言は慈善組織への遺贈を指示するだけで，その使い道について何の記載もないかもしれない。この場合には，その寄付が営業目的か営業外目的かについての判断がなされなければならない。その額が通常の営業の寄付に照らして相当の額であれば，寄贈者の意図を判断することは困難であり，会計担当者が解決できる権限を超えた議論を引き起こすだろう。（略）営業上の寄付と営業外の寄付との区別は，ある程度までは基準において詳細に説明されようが，上記のような疑問を解決するには判断が要求されるだろう。基本的な拠り所は寄贈者の意図である。」（佐藤訳［1989］，214-215頁）とした問題である。この場合，Anthony［1984］のいうように，「基本的な拠り所は寄贈者の意図である。」が，寄贈者の意図が常に明確であるとは限らないことから，最終的には内部者の判断に依拠することになる。

　それ故，非営利法人の収益事業課税における資本概念は，外部者のみならず内部者の意図に基づくものでなければならないのである。そして，会計主体論から導出された資本概念の中に「外部及び内部者の意図」を含むのは，Anthony［1984］と独法基準である。

6 おわりに

　以上，本書における収益事業課税における資本概念とは何かについて検討した。

　そのためにまず，非営利組織の資本概念を理論的な視点からAnthony［1984］とSFAC第6号を，そして制度の視点から公益法人会計基準，学校法人会計基準及び独法基準から抽出した。次に，これらの資本概念は非営利組織会計において用いられているため，非営利法人の収益事業課税に必要な資本概念であるためには，どのような要件を充足すべきであるかを検討した。

　その要件とは，第1に，本書が目的→会計主体論→資本概念という論理一貫した理論体系の構築を目指すこと（本書の第3の課題）から，そして会計理論の視点から所有主を持たない非営利組織においては企業主体理論（エンティティ観）から資本概念が導出されなければならないこと。第2に，法人税法において規定する課税標準は所得の金額であることから，資本概念は所得計算の原則を定める法人税法22条4項を前提としたものでなければならないこと。つまり，課税所得の計算は，法人税法22条1項から3項において規定されるとともに，公正処理基準（法法22条4項）により企業会計（非営利組織会計）の基礎の上に成立するものである。それ故，利益の獲得を主たる目的としない非営利組織であったとしても，法人税法22条4項との関係から利益計算が可能な会計構造を有していなければならないこと。そして第3に外部者の意図についての曖昧さが不可避であることから，「拘束の意図」には内部者を含まなければならないことである。

　これらの検討結果から，Anthony［1984］のいう資本概念は上記の要件すべてに合致するものであることが判明したのである。それ故，非営利法人の収益事業課税において必要な資本概念とは，「外部及び内部者の意図に基づき非営利組織体の経営の基礎（基盤）を構成するもの」であると結論付けることができる。

最後に，本書の現実的なモデルになりうる独法基準を例にとり，結論として示した本書の資本概念を収益事業課税の実務に適用する場合の課題について触れておきたい。

まず第1に，非営利法人の収益事業課税を行う場合，具体的な勘定科目（例えば，資本金，資本剰余金）に落とし込む作業が必要となる。その手掛かりを独法基準が提供するものではあるが，利益の獲得を主としない非営利法人のすべてに，独法基準の資本金・資本剰余金の規定を置くことは困難である。そこで，課税所得を計算するために必要な勘定科目，とりわけ資本に属する科目を新設するか否かを含めた議論がなされなければならない。そのための第一歩として，「外部者の意図」についてSFAC第6号が規定する，永久拘束，一時拘束及び非拘束に当てはめて考察することが有用ではなかろうか。しかし，永久拘束と一時拘束との判別の困難さについてはすでに指摘されている（ASU2016-14）ところである。

第2に，寄贈を受けた資産が「非営利組織体の経営の基礎（基盤）を構成するもの」に該当する一時拘束純資産であった場合，償却資産の減価により借方側の受領資産がやがてゼロとなることである。つまり，一時拘束の性格を有する償却資産を受領した場合，借方側の受領資産と貸方側の純資産との結び付きを考慮すると，残存価額がゼロの資産を資本剰余金として保持し続けることには疑問が生じよう。そこで，独法基準のように受領資産を非償却資産ないしは更新が予定されている償却資産に限定するか，あるいは，学校法人会計基準に定めるように減価償却費と同額の帰属収入（事業活動収入）を基本金に組み入れる工夫が必要となる。

第3に，内部者による「拘束の意図」の客観化である。何故ならば，非営利法人においてもガバナンスや内部統制上の問題が起こりうるからであり，内部者による不正は租税の公平性からも重大な問題を引き起こす可能性があるからである。そのための解決策として，1つには，学校法人会計基準にならい理事会が決定する方法と，日本公認会計士協会［2019］が提言するように，「基盤純資産への繰入れは，特定の目的での資源の取得等，法令等に定

められた発生事由に起因して組織の理事会等の意思決定機関の決定によって実施される。基盤純資産の額は，法令又は組織の定款等であらかじめ定められた機関決定を伴う繰入れ又は取崩し手続きによってのみ変化する。」(22頁)としているが，この「法令」の中に法人税法を加えることも考えられる。しかし，現行の法人税法にはそのような規定が存在しないため，まずは内部者による不正を防止するための法人税法側の対応が先決である。

　以上の検討により，非営利法人の収益事業の課税標準である所得について，これを計算するに必要な資本概念を明らかにするという本書の第2の課題を解決しえたのであり，同時にこの資本概念は，SFAC第4号に示された非営利組織の本質的な特徴との関連から論理一貫した形で解決策を導出するという，本書の第3の課題を達成するものである。

終 章

結論と今後の課題

1 要約と結論

　法人税法は，非営利法人に対して収益事業を営む場合にのみ納税義務を課しているが，この収益事業課税には３つの問題点が存している。第１に，課税対象となる収益事業の範囲について，34種の事業を限定列挙する方式（法法令５条１項）を採用していることである。第２に，資本概念を定めないまま収益事業の課税標準である所得金額を算定していることである。第３に，非営利法人の収益事業課税に関する諸規定が非営利組織の本質的な特徴に根ざしたものとなっていないことである。そこで，本書の課題は，非営利法人の収益事業課税に内在する第１及び第２の問題点について解決策を提示するとともに，その際に第３の問題点である非営利組織の本質的な特徴との関連から論理一貫した形で解決策を導出し，首尾一貫した所得計算体系を確立することによって，税務会計が「１つの会計の体をなしていない」とする批判に答えることである。

　そのために，第１章及び第２章における検討から，①無償により受領した資金とその利用との関係性，②受領資金の循環過程，そして③法人税法22条において規定されている資本等取引と損益取引との区分，からなるマトリクス（第２章**図表2-3**）を作成することによって，本書の第１の課題である現行の限定列挙方式に代わる新たな課税所得の選択基準を提示しえたのである。

　次に，第３章及び第４章における検討から，非営利法人の収益事業課税を可能にする会計主体論をAnthony［1984］のいう企業主体理論（エンティティ観）であることを明らかにした。これに基づき第５章では，非営利法人の収益事業課税において必要な資本概念は，「外部及び内部者の意図に基づき非営利組織体の経営の基礎（基盤）を構成するもの」であると結論付けた。この結論は，本書の第２の課題である，資本概念を定めないまま収益事業の課税所得金額が算定されていることに対する解決策であった。この資本概念は，SFAC第４号に示された非営利組織の本質的な特徴との関連から論理一

結論と今後の課題　**終章**

貫した形で導出されたものであるため第3の問題点への解答になっており，法人税法22条4項との関係から利益計算が可能な会計構造を有しているとともに，「拘束の意図」には内部者を含むことから，本書の第3の課題をも達成することができたのである。

　これらの結論に至るまでの構成は以下のとおりである。

（1）新たな課税所得の選択基準

　第1章では現行の限定列挙方式の問題点について，その解決策を論じた先行研究を批判的に検討した。即ち，現行方式の代替案として提言された税制調査会［2005］の答申と，収益事業をめぐる訴訟に対処するために判例上どのような解決策がとられているのかについて考察した。その際，IPSASを事例として課税所得計算の基礎をなす非営利組織会計分野における会計規定との関わりについても合わせて言及した。

　その結果，税制調査会［2005］，判例及びIPSASで示された対価概念は，非営利法人とその用役提供先との関係において妥当するものであり，寄附金に代表される反対給付なしに行われる資源の授受を表す資源提供者と非営利法人との関係が考慮されていないことが判明した。そのため，非営利法人を中心とした場合，寄附金等を受領する関係とこの資金を活用した用役の提供との関係が分断され，純資産の増加という理由により無償で提供された寄附金等に課税されることで資源提供者の本来の目的が阻害されるという弊害があることを明らかにした。

　第2章では，本書の第1の課題である現行の限定列挙方式に代わる新たな収益事業課税における課税所得の選択基準を提示するために，SFAC第4号が示す非営利組織体の本質的な特徴との関連から検討を行った。何故ならば，非営利法人と営利法人との共通性や非営利法人における公益活動と収益獲得活動との混在について，SFAC第4号は詳細な検討を加えているからである。つまり，収益事業課税を考えるうえで避けては通れない論点について，現時点において最も包括的に検討されている文献と考えるからである。

161

同号では，そして本書で考える非営利組織体の本質的な特徴について，
a.経済的な見返りを期待しない資源提供者からの相当額の資源を受領するこ
と，b.利益を得て財貨やサービスを提供すること以外に活動目的があること，
c.売却や譲渡等が可能な所有主請求権及び残余財産請求権が存在しないこと
（par.6），の３点を挙げている。これらの特徴から生ずる３つの問題点のうち，
無償により受領した資金（a.）とその利用（b.）との関係性（収益事業課税の
第１の検討事項）については，非営利法人の活動に即した課税を行うためには，
資金源泉とその投下形態とを結び付けて（資金の拘束性に着目して），対象を
決定しなければならないとの解決策を提示した。そして，この方策との関係
から，受領された資金を非営利法人がどのような活動に（拘束的に）使用し
ているのか（b.）という資金の循環過程（収益事業課税の第２の検討事項）に
ついて検討した。

　その結果，非営利法人が持つ特徴的な資金の循環過程を「循環運動」と「片
道運動」とに区分することが，課税対象を識別するための有用な手段となり
うるとの解決策を示しえた。何故ならば，前者については「循環運動」から
生じる余剰分を課税対象とすることにより，組織の再生産を阻害することな
く税収を確保することが可能となるからである。また，後者は回収を目的と
しない「片道運動」，即ち，無償ないしは低廉な代価によって行う給付活動
に投下された資金であるため，仮にこの資金に課税した場合には，法人の中
心的な活動である公益活動のみならず，法人それ自体の存続を危うくする可
能性があるからである。

　これら第１及び第２の解決策に法人税法22条において規定されている資本
等取引と損益取引との区分を加えたマトリクス（第２章**図表2-3**）を作成する
ことによって，本書の第１の課題である現行の限定列挙方式に代わる新たな
課税所得の選択基準を提示しえたのである。

（２）収益事業課税における会計主体論

　第３章及び第４章では，残された非営利組織の第３の特徴（検討事項）に

基づいた非営利人の収益事業課税において必要な資本概念を導出するための会計主体論を考察の対象とした。このうち第3章では，法人税法の規定に即しながら非営利法人の収益事業課税における会計主体論について検討した。

そのためにまず，法人税法に定められた会計主体論とは何かについて代表的な会計主体論を検討した。その結果，考察対象とした4つの会計主体論のうち，企業体理論は課税関係の視点からは付加価値税との親和性が高く，資金理論は所得を課税標準とする法人税法の主体論としては適切ではないことが判明した。さらに，法人税法の規定上，配当の支払は資本等取引であり資本コストとして損金に算入されず，国庫補助金については反対に資本等取引から除外され課税対象となることから，法人税法では企業主体理論を採用していないことが明らかとなった。そして，法人税法は「法人を株主等の集合体とみる法人本質観からは，株主等とそれ以外の第三者との峻別が求められ，必然的に株主等の払込資本のみが維持すべき法人の資本であると観念される。」（富岡［2010］，378頁）ため，加えて資本金等の額を「株主等から出資を受けた金額」（法法2条1項16号）とする条項から，所有主理論に基づいていることが確認できたのである。

しかし，この結論は非営利法人の意味内容によっては矛盾が生じる可能性があり，さらには，本書では法人税法別表第二に掲げる法人を非営利法人としていたため，改めて別表第二に掲げられた非営利法人の意味内容について整理を行った。検討の結果，法人税法の規定においては，所有主の存在・不存在を根拠として営利（法人），非営利（法人）が区分されていることが明らかとなった。このことは，つまり所有主のいない非営利法人において，所有主理論に基づいた資本概念によって課税所得計算が行われているという矛盾を意味しているのである。

さらに，収益事業課税に関する実質的な規定は通達に置かれているため，通達を確認することにより非営利法人の収益事業課税における会計主体論がどのように規定されているのかについて具体的にみてみた。その結果，通達には企業主体理論を想起させる規定があるものの，これを明確に断定するこ

とは困難であった。

それ故,「会計主体の確立は,企業会計における基本的問題としての"資本と利益の区分"を可能ならしめる。」(中田[1961],470頁)ことから,法人税法では非営利法人の収益事業課税における会計主体を定めず,即ち,資本と利益の区分ができないまま課税所得計算が行われているという理論的には無視できない問題が存していると結論付けたのである。

第4章では,前章の検討結果を受け,法人税法からは収益事業課税における会計主体論を読み解くことが困難であるため,非営利組織会計における先行研究の成果を踏まえながら非営利法人の収益事業課税を行うに必要な会計主体論について検討した。その結果,池田[2007]については,非営利組織の主要情報をアウトカムとし,これを貨幣的な評価が困難なものと考えていることから会計主体論及び資本概念には言及していなかった。また,彼の考察の対象であるSFAC第6号では,純資産の部に拘束別の表示区分を設けその区分ごとに純資産の増加額を測定する制度設計がなされていた。このため,財務諸表の構成要素として純利益を計算する構造ではないことから資本概念及び会計主体論の議論を想定していないことになる。

さらに,宮本[2015]は,非営利組織会計の基本目的を評価するためには純利益の表示が必要であるとし,寄附等を拘束の有無によって業務的フローと資本的フローとに区分することを主張する。しかし,「非営利組織にはそもそも株主資本の概念が存在しないため,寄附金・補助金を企業会計の払込資本と同等のものとみることはできない。かかる意味で,非営利組織会計において寄附金等に資本性は存在しない」(宮本[2015],76頁)と述べていることから,資本的フローはあくまでも拘束に基づいた表示上の区分を表すものであり,資本概念及び会計主体論の議論から導き出された概念ではない。

そして,日野[2021]は,アンソニーの所説とFASBとを融合させることによって,純利益の測定と受託責任情報の開示が同時にできる純資産概念を提唱したのであるが,自身が記すように資本と収益を峻別するための基準や方法については検討を行っていなかった。

それ故，非営利組織の主体持分の維持を目的として利益計算を行う場合には，「これらの組織体は所有主を持たない」が故に，エンティティ観を主張するAnthony［1984］の所説が「唯一の意味のある見方」であることになる。したがって，非営利法人の収益事業から生じる利益を課税対象とする法人税法においても，この「見方」が妥当することになるのである。

何故ならば，日本公認会計士協会［2013］のいう「非営利組織には持分概念がないことが多く，この場合，企業会計における資本取引・損益取引区分の原則が成り立たない。」（注60）との主張を否定しうるからである。即ち，本章において検討したAnthony［1984］の所説によれば，非営利組織体は主体持分の維持を目的とし，この目的を実現するために必要な利益の帰属先を企業主体（エンティティ）であるとしている。そして，この主体持分に属する利益を計算するために資本と利益の区分を説いたのである。このことは，非営利組織には所有者に属する「持分概念がない」（日本公認会計士協会［2013］，注60）としても，利益の帰属先を企業主体（エンティティ）とすることによって「資本取引・損益取引区分の原則」が成り立つことを意味している。

それ故，非営利法人は所有主を持たないがために，Anthony［1984］の所説を援用することにより，課税所得の帰属先を主体（非営利法人）とし，この主体持分に属する所得の計算を可能にする企業主体理論（エンティティ観）が収益事業課税においても唯一，依拠することのできる見方であることが明らかとなった。

（3）収益事業課税における資本概念

第5章では，非営利法人が所得（利益）計算を行う際の資本概念の解明という「収益事業課税の第3の検討事項」を考察した。

そのためにまず，非営利組織の資本概念を理論及び制度から抽出した。その結果，理論的には，Anthony［1984］のいう資本は①資源提供に関する外部及び内部者の意図と，②受領した資源が非営利組織体の経営の基礎（基盤）

を構成するものであるのか否かという提供された資源の持つ機能，の両面から判断されるものであった。そして，SFAC第6号は，資本を外部資源提供者の意図による永久拘束資源と「長期的に，その活動目的を達成し続ける」ために必要とされる一時拘束資源としていた。

　さらに制度的な観点から，公益法人会計基準では，資本を一時拘束を含まない「外部資源提供者の意図による永久的な拘束」であるとしていたのに対し，学校法人会計基準では資金の留保を手当てされた償却資産を含む「内部者の意図による永久的な拘束」をいうものであった。そして，独法基準ではAnthony［1984］のいう「①資源提供に関する外部及び内部者の意図」及び「②受領した資源が非営利組織体の経営の基礎（基盤）を構成するもの」とした資本概念を規定していた。

　これらの資本概念を踏まえたうえで，非営利法人の収益事業課税においてとられるべき資本概念であるためには，3つの要件を満たす必要があることを確認した。

　即ち，まず，本書が目的→会計主体論→資本概念という論理一貫した理論体系の構築を目指すこと（本書の第3の課題）から，さらには会計理論の視点から所有主を持たない非営利組織においては企業主体理論（エンティティ観）から資本概念が導出されなければならないことが第1の要件となる。

　次に，法人税法において規定する課税標準は所得の金額であることから，資本概念は所得計算の原則を定める法人税法22条4項を前提としたものでなければならない。即ち，課税所得の計算は，法人税法22条1項から3項において規定されるとともに，公正処理基準（法法22条4項）により企業会計（非営利組織会計）の基礎の上に成立するものである。このため，本書において資本概念を明確化したとしても，非営利組織会計の基礎的な構造において利益計算が可能でなければ，その役割を果たすことができない（適用できない）ことになる。それ故，利益の獲得を主たる目的としない非営利組織であったとしても，法人税法22条4項との関係から利益計算が可能な会計構造を有していなければならないことが第2の要件となる。

そして外部者の意図についての曖昧さが不可避であることから，「拘束の意図」には内部者を含まなければならないことが第3の要件である。検討の結果，非営利法人の収益事業課税において必要な資本概念は，これら3要件を満たす「外部及び内部者の意図に基づき非営利組織体の経営の基礎（基盤）を構成するもの」であると結論付けた。

この結論により，非営利法人の収益事業の課税標準である所得について，これを計算するに必要な資本概念を明らかにするという本書の第2の課題が解決できたのであり，さらにこの資本概念に基づく課税所得計算体系を提示することで，SFAC第4号に示された非営利組織の本質的な特徴との関連から論理一貫した形で解決策を導出するという本書の第3の課題も達成できたことになる。

2　本書の限界と今後の課題

本書において残された課題は複数存在する。そのうちの主要な課題を2つ挙げたい。

1つ目の課題は，研究対象とした非営利法人の範囲である。本書では，財務省が行った非営利法人の区分を参考として（第2章注3），公益法人，学校法人，独立行政法人及びNPO法人を選択しその会計基準について検討した。しかし，法人税法別表第二に掲げられる非営利法人（公益法人等）の数は109にのぼるため選択の妥当性が問題となる。

この点について，日本公認会計士協会［2019］が非営利組織の「財務報告の基礎概念・モデル会計基準」について行った提言，即ち，「本報告では，公益法人，学校法人，社会福祉法人，医療法人の各会計基準とモデル会計基準との比較を行い，各会計基準を見直す場合や制度発展のための検討を行う際に，モデル会計基準を参考にできるよう課題を取りまとめた。」（1頁）との所説が参考になる。つまり，同協会が4種の非営利組織を検討対象としていることは，本書と同様に必ずしも非営利法人のすべてを取り上げる必要性

167

がないと判断したことを意味している。何故ならば，109の非営利法人がすべて独自の会計基準を設定しているわけではなく，多くは代表的な基準である公益法人会計基準等によって財務諸表を作成しているからである。

　そこで，日本公認会計士協会［2019］と比較した場合，本書では取り上げなかった社会福祉法人と医療法人が問題となる。しかし，社会福祉法人は社会福祉事業（社会福祉法22条），公益事業及び収益事業（同26条）を営むことができるが，このうちの公益事業及び収益事業については本書の非営利法人と異なるところはない。そして，会計基準の内容からみても貸借対照表に基本金を定める点（社会福祉法人会計基準26条2項）において学校法人会計基準と類似している。さらに，医療法人についても，日本公認会計士協会［2019］が記すように「（略）医療法人会計基準においても従来の財務諸表の様式を踏襲して一般企業に近い財務諸表の様式となっている。具体的な会計基準については，公益法人会計基準を参考として作成されている（略）」（Ⅱ，4．医療法人会計基準）ことから，公益法人会計基準の枠内にあるものと解釈できる。それ故，本書において非営利法人を4種に限定したことについては研究の結論に影響を与えるものではないが，厳密さを担保するためには残された非営利法人に関係する会計基準を精査していく必要がある。

　2つ目の課題は，本書では現行の収益事業を34種に限定列挙する方式に代えて新たな課税所得の選択基準を提示した（第2章**図表2-3**）ことと関連性を有している。そこでは，組織の再生産を阻害することなく税収を確保するために収支の因果的な循環運動を課税対象とする旨の結論を得た。しかし，このような循環運動から生じた余剰への課税は，循環運動のみを行う営利法人と利益の獲得を主たる目的としない非営利法人との間に差異を認識することが可能ではあるものの，非営利法人が営利法人と同様の活動（循環運動）を行った場合には同様の課税がなされることになる。

　そのため，法人税法22条の所得計算の通則において営利法人と非営利法人が相違する点は，片道運動を除けば営利法人の所得金額の計算には所有主理論に基づいた資本概念が適用され，非営利法人には本書による企業主体理論

結論と今後の課題　**終章**

に基づいた資本概念が用いられることのみとなる。別言すれば，本書の収益事業課税の新たな選択基準は，収益事業課税に留まらず非営利法人の課税制度そのものの変革にまで範囲が及ぶ可能性がある。即ち，現行の「収益事業のみの課税」から，非営利組織の資本概念に基づいた投下資本の余剰分への課税へと転換することになるかもしれない。さらには，営利法人への課税がこのような資本余剰分を対象としてなされていることから，法人税法の課税標準である各事業年度の所得の金額（法法21条）の計算について，資本概念の違いを明示することによって営利法人と非営利法人とを統合する枠組の構築につながりうる。

　しかしながら，現行の非営利法人に対する例外的な収益事業課税から，循環運動による余剰分への課税という原則課税への転換については様々な議論を引き起こす可能性がある。そこで，本書の理論的な結論と現実の制度との関係についてはさらなる検討が必要である。

169

参考文献

碧海純一［1973］『新版 法哲学概論 全訂第一版』弘文堂。

青柳文司［1973］『会計学の原理』中央経済社。

新井清光［1982］『新版 財務会計論』中央経済社。

新井清光［1991］『会計公準論（増補版）』中央経済社。

飯野利夫［1979］『資金的損益貸借対照表への軌跡』国元書房。

飯野利夫［1994］『財務会計論（三訂版）』同文舘出版。

五十嵐邦正［2008］『資本会計制度論』森山書店。

池田亨誉［2000］「FASBアンソニー報告書について―非営利会計における基礎概念の検討―」『東京経済大学会誌―経営学―』第218号，263-294頁。

池田亨誉［2007］『非営利組織会計概念形成論―FASB概念フレームワークを中心に―』森山書店。

池田亨誉［2020］「わが国非営利組織会計基準への資本概念の浸透」『青森公立大学論纂』第6巻第1号，3-15頁。

池田幸典［2016］『持分の会計―負債・持分の区分および資本取引・損益取引の区分―』中央経済社。

石川鉄郎・北村敬子編著［2008］『資本会計の課題―純資産の部の導入と会計処理をめぐって―』中央経済社。

石坂信一郎［2012］「非営利法人課税の再考―非課税制と収益事業課税制を中心に―」『會計』第182巻第6号，44-56頁。

石坂信一郎［2014］「わが国における非営利法人税制の起源」『札幌学院大学経営論集』No.6，19-29頁。

石田晴美［2006］『地方自治体会計改革論』森山書店。

市村昭三［1979］『資金会計論の基本問題』森山書店。

伊藤邦雄［2018］『新・現代会計入門』日本経済新聞出版社。

入江政勝［2011］「公益法人等における収益事業の範囲についての一考察―宗教法人が営むペット葬祭業の事例を中心として―」『龍谷大学大学院法学研究』第13号，19-33頁。

上柳克朗他編集代表［1985］『新版注解会社法（1）』有斐閣。

江頭憲治郎［2011］『株式会社法第4版』有斐閣。

NPO法人会計基準協議会［2010a］「NPO法人会計基準」。

NPO法人会計基準協議会［2010b］「NPO法人会計基準策定の経緯と経過」。https://www.npokaikeikijun.jp/background/（最終閲覧日：2022年5月21日）。

NPO法人会計基準協議会［2017］「実務担当者のためのガイドライン Q&A」。https://www.npokaikeikijun.jp/guideline/qa/（最終閲覧日：2022年5月21日）。

蛯澤美江子［2015］「公益法人税制に関する一考察―イコールフッティングの視点からの検証―」。https://www.sozeishiryokan.or.jp/024-006/（最終閲覧日：2023年7月15日）。

大石桂一［2021］「米国における政府会計基準審議会（GASB）の創設過程」『経済論叢』第195巻第2号，21-36頁。

大阪高等裁判所（平成24年3月16日判決）『訟務月報』第58巻第12号，4163頁。

大雄智［2018］「会計主体の再評価―序説的検討―」『産業経理』第78巻第3号，74-82頁。

大淵博義［2012］「法人の性格と法人税制」『税務会計研究』第23号，1-19頁。

落合誠一［2010］『会社法要説』有斐閣。

尾上選哉［2022］『非営利法人の税務論点』中央経済社。

会計検査院［2012］「第4 独立行政法人における政府出資金等の状況について」『平成24年度決算検査報告』。https://report.jbaudit.go.jp/org/h24/2012-h24-0910-0.htm（最終閲覧日：2021年3月26日）。

会計検査院［2013］「独立行政法人における政府出資金等の状況について」『国会及び内閣に対する報告（随時報告）』（平成25年）。

閣議決定［2014］「独立行政法人改革等に関する基本的な方針」（平成25年12月24日閣議決定）。

春日克則［2018］「非営利法人の『所得の金額』をめぐる諸問題」『会計・監査ジャーナル』第30巻第4号，84-90頁。

春日克則［2022］「非営利法人の課税所得の選択基準について―対価概念に基づいた収益事業課税への批判を中心として―」『税務会計研究』第33号，207-214頁。

春日克則［2023a］「非営利法人における会計主体と利益計算―非営利法人に対する収益事業課税の基礎的考察―」『九州情報大学研究論集』第25巻，11-23頁。

春日克則［2023b］「非営利法人の課税所得の選択基準について」『税務会計研究』第34号，241-256頁。

金子友裕［2022］『課税所得計算の形成と展開』中央経済社。

金子宏［1995］『所得概念の研究 所得課税の基礎理論 上巻』有斐閣。

金子良太［2009］「非営利組織における純資産と負債の区分」『IMES discussion paper series』日本銀行金融研究所，No. 2009-J-11，1-23頁。

兼平裕子［2012］「権利能力なき社団と人格のない社団等：民事法における実体論・手続論と租税法における借用概念」『愛媛大学法文学部論集・総合政策学科編』第33号，57-123頁。

神森智［2012］「四つの税務会計論試案―法人実在説的・資本主理論的，企業主体論的，企業体理論的およびキャッシュ・フロー的税務会計論―」『松山大学論集』第24巻第5号，5-28頁。

川口順一［1996］「財務会計と税法会計との交差」『税研』Vol.11 No.67，24-35頁。

川村義則・青木孝浩［2010］『国際公会計基準と米国の公会計基準の現状に関する調査』会計検査院。

関係省庁連絡会議申合せ［2004］「公益法人会計基準の改正等について」平成16年10月14日公益法人等の指導監督等に関する関係省庁連絡会議申合せ。

企業会計基準委員会［2005］「企業会計基準第5号『貸借対照表の純資産の部の表示に関する会計基準』」企業会計基準委員会。

北見友［2003］「公益法人税制に関する一考察―収益事業課税を中心として―」『帝京大学大学院 経済学年誌』第11号，111-145頁。

栗山益太郎［1977］『税務簿記会計』税務経理協会。

黒沢清［1984］『税務会計体系 第1巻 税務会計原理』ぎょうせい。

公正取引委員会［2018］『介護分野における調査報告書』公正取引委員会。

後藤元伸［1995］「団体法における団体類型論と法人法定主義（三・完）―権利能力なき社団を素材として―」『阪大法学』第45巻第2号，69-94頁。

小西範幸［2017］「第1章 営利・非営利目的の統合税務報告モデル―独立行政法人と公益法人の会計の考察を中心として―」『営利・非営利組織の財務報告モデルの研究＜最終報告＞』国際会計研究学会研究グループ，7-32頁。

最高裁判所（昭和32年11月14日判決）『最高裁判所民事判例集』第11巻第12号，1943頁。

最高裁判所（昭和43年12月24日判決）『最高裁判所民事判例集』第22巻第13号，3147頁。

最高裁判所（平成20年9月12日判決）『最高裁判所裁判集民事』第228号，617頁。

齋藤明［1975］『シュトイエルビランツの研究―財務諸表の創造性原理―』税務経理協会。

齋藤真哉［2005］「非営利法人課税の総合的検討 非営利法人課税研究特別委員会最終報告 第3章 原則課税制度と原則非課税制度の検討」『税務会計研究』第16号，260-271頁。

齋藤真哉［2013］「第10章 資本維持」『体系現代会計学 第1巻 企業会計の基礎概念』中央経済社，401-433頁。

財務省［2022a］「公益法人などに対する課税に関する資料」『法人税（法人課税）』。https://www.mof.go.jp/tax_policy/summary/corporation/c05.htm（最終閲覧日：2022年6月18日）。

財務省［2022b］「法人課税に関する基本的な資料」『法人税（法人課税）』。https://www.mof.go.jp/tax_policy/summary/corporation/c01.htm（最終閲覧日：2022年6月18日）。

財務省告示第103号［2015］「法人税法別表第二の表独立行政法人の項の規定に基づき，収益事業から生じる所得以外の所得に対する法人税を課さない法人を指定する件」（平成27年3月31日）。https://www.mof.go.jp/about_mof/act/kokuji_tsuutatsu/kokuji/KO-20030930-0607-12.pdf（最終閲覧日：2022年6月18日）。

酒井治郎［1992］『会計主体と資本会計―会計学基本問題の研究―』中央経済社。

酒井治郎［1993］「アメリカFASBの『持分』概念をめぐる問題―非営利組織体の『純資産』概念に関連して―」『立命館経営学』第32巻第3号，1-18頁。

酒井治郎［2007］「会計主体論の研究序説」『立命館経営学』第46巻第4号，53-65頁。

酒井治郎［2013］『会計学の基本問題―会計観の株主（資本主）中心から企業本位への変遷―』文理閣。

桜井久勝［2006］『財務会計講義（第7版）』中央経済社。

佐藤孝一［1987］「人格のない社団の成立要件についての一考察―類型論による租税法解釈の一展開として―」『税務大学校論叢』第18号，137-273頁。

品川芳宣［1982］『課税所得と企業利益』税務研究会出版局。

品川芳宣［1996］「公益法人等に対する課税の現状と課題」『税経通信』Vol.51 No.3，17-23頁。

柴健次編著［2016］『公共経営の変容と会計学の機能』同文舘出版。

シャウプ税制研究会編［1985］『シャウプの税制勧告』福田幸弘監修，霞出版社。

菅原計［1999］『税務会計の理論（第2版）』中央経済社。

税制調査会［2005］「基礎問題小委員会・非営利法人課税ワーキング・グループ」（2005年6月）。https://warp.da.ndl.go.jp/info:ndljp/pid/11117501/www.cao.go.jp/zeicho/tosin/170617.html（最終閲覧日：2021年3月26日）。

税務会計研究学会特別委員会最終報告［2021］「非営利法人の会計と税務に関する報告」『税

務会計研究』第32号，117-156頁。

総務省Webページ［2012］「独立行政法人制度等」。https://www.soumu.go.jp/main_
　sosiki/gyoukan/kanri/satei2_01.html（最終閲覧日：2021年3月26日）。

総務省行政管理局［2024］「『独立行政法人会計基準』及び『独立行政法人会計基準注解』
　に関するQ&A」（令和4年3月最終改訂）総務省行政管理局，財務省主計局，日本
　公認会計士協会。

染谷恭次郎［1976］『資金会計論［増補版］』中央経済社。

染谷恭次郎［1983］『財務諸表三本化の理論』国元書房。

醍醐聰［1981］『公企業会計の研究』国元書房。

田尾雅夫・吉田忠彦［2009］『非営利組織論（第7版）』有斐閣。

武田昌輔［1973］『企業会計と税法』森山書店。

武田昌輔［1993］『会計・商法と課税所得』森山書店。

武田昌輔［2000］『［新訂版］詳解公益法人課税』全国公益法人協会。

武田隆二［2004］『最新財務諸表論（第9版）』中央経済社。

忠岡博［2005］「判例研究 宗教法人が行うペットの葬祭の収益事業該当性」『税法学』第
　554号，115-124頁。

龍田節［2007］『会社法大要』有斐閣。

田中治［2012］「消費税法における対価を得て行う取引の意義」『納税者権利論の課題』
　北野弘久先生追悼集刊行委員会編，勁草書房，555-577頁。

千葉地方裁判所（平成16年4月2日判決）『訟務月報』第51巻第5号，1338頁。

中央省庁等改革推進本部決定［1999］「中央省庁等改革の推進に関する方針」平成11年4
　月27日中央省庁等改革推進本部決定。

忠佐市［1973］『決算利益と課税所得』森山書店。

東京高等裁判所（平成14年3月14日判決）『訟務月報』第49巻第5号，1571頁。

東京地方裁判所（平成15年5月15日判決）『訟務月報』第51巻第7号，1926頁。

東京地方裁判所（平成19年8月23日判決）『税務訴訟資料』第257号順号，10763。

徳賀芳弘［2014］「第9章／負債と資本の区分」『体系現代会計学 第4巻 会計基準のコン
　バージェンス』中央経済社，275-328頁。

独立行政法人会計基準研究会［2000］「独立行政法人会計基準の設定について」平成12年
　2月16日，独立行政法人会計基準研究会。

独立行政法人評価制度委員会・会計基準等部会［2021］「独立行政法人会計基準・独立行
　政法人会計基準注解［2021改定］」独立行政法人評価制度委員会・会計基準等部会，
　財政制度等審議会・財政制度分科会，法制・公会計部会。

富岡幸雄［2010］『新版税務会計学講義』中央経済社。

朝長英樹［2006］「法人所得の意義と法人税の納税義務者に関する基本的な考え方」『税
　大論叢』第51号，300-385頁。

内閣府公益認定等委員会［2008a］「公益法人会計基準［2020改正］」内閣府公益認定等委
　員会。

内閣府公益認定等委員会［2008b］「『公益法人会計基準』の運用指針」内閣府公益認定等
　委員会。

内閣府公益認定等委員会［2015］「公益法人の会計に関する諸課題の検討状況について」

公益認定等委員会公益法人の会計に関する研究会。

中田清［2013］『税務貸借対照表に対する商事貸借対照表の基準性の原則─ドイツ税務会
　　計の考察─』同文舘出版。

中田信正［1961］「会計主体と法人課税─法人課税の基本的問題に関連して─」『桃山学
　　院大学経済学論集』第2巻第3号，469-501頁。

名古屋地方裁判所（平成17年3月24日判決）『税務訴訟資料』第255号順号，9973。

日税研論集［2011］「非営利法人課税」『日税研論集』Vol.60，財団法人日本税務研究セン
　　ター。

日本公認会計士協会［2007］「学校法人会計問答集（Q&A）16号基本金に係る実務上の取
　　扱いについて」日本公認会計士協会。

日本公認会計士協会［2013］「非営利法人委員会研究報告第25号 非営利組織の会計枠組み
　　構築に向けて」日本公認会計士協会。

日本公認会計士協会［2014］「学校法人委員会研究報告第15号 基本金に係る実務上の取扱
　　いに関するQ&A」日本公認会計士協会。

日本公認会計士協会［2016a］「非営利法人委員会研究報告第30号 非営利組織会計基準開
　　発に向けた個別論点整理～反対給付のない収益の認識～」日本公認会計士協会。

日本公認会計士協会［2016b］「非営利法人委員会実務指針第38号 公益法人会計基準に関
　　する実務指針」日本公認会計士協会。

日本公認会計士協会［2019］「公開草案『非営利組織会計検討会による報告 非営利組織
　　における財務報告の検討～財務報告の基礎概念・モデル会計基準の提案～』」日本公
　　認会計士協会。

日本租税理論学会［2018］『所得概念の再検討』財経詳報社。

非営利法人会計研究会［2013］『非営利組織体の会計・業績および税務─理論・実務・制
　　度の見地から─』関東学院大学出版会。

非営利法人研究学会・公益法人会計研究委員会［2017］『全国公益法人協会創立50周年記
　　念 最終報告書 非営利組織会計の研究』全国公益法人協会。

樋沢克彦［2018］「独立行政法人会計における利益業績の特徴─資金拠出者・受領者の意
　　図の観点から─」『プロフェッショナル会計学研究年報』第12号，21-34頁。

日野修造［2021］『非営利組織会計の基礎概念─利益測定の計算構造と財務報告─』中央
　　経済社。

藤井秀樹［2004］「アメリカにおける非営利組織会計基準の構造と問題点─R.N.アンソニ
　　ーの諸説を手がかりとして─」『商経学叢』第50巻第3号，89-106頁。

藤井秀樹［2008］「非営利組織会計の基本問題に関する再検討─寄贈資産の減価償却をめ
　　ぐるR.N.アンソニーの所説に寄せて─」『商経学叢』第55巻第1号，117-130頁。

藤谷武史［2009］「宗教法人が営むペット葬祭業の収益事業該当性」『税研』Vol.25 No.3，
　　122-124頁。

不破貞治［1959］「第二章 企業実体概念の成立と会計理論」『体系 近代会計学 第一巻 会
　　計学の基礎概念』中央経済社，103-149頁。

松井英樹［2007］「新・会社法における会社の営利性」『中央学院大学法学論叢』第21巻
　　第1号，24-49頁。

松野亮［2018］「法人税法における公益法人等の収益事業課税について─イコール・フッ

ティング論の適用を中心として─」『青山ビジネスロー・レビュー』Vol.8 No.1，97-129頁。

松村秀雄［1980］「法人税の基本的仕組みを検討するにあたって」『租税研究』社団法人日本租税研究会，372号，14-17頁。

三木義一［2004］「宗教法人によるペット供養の非収益事業性」『立命館法学』第298号，406-417頁。

宮本幸平［2015］『非営利組織会計基準の統一──会計基準統一化へのアプローチ─』森山書店。

村田英治［2015］「会計主体と会計制度」『會計』第188巻第5号，16-28頁。

村田英治［2018］「所有者説・エンティティ説論争の現在」『會計』第193巻第5号，80-92頁。

森川八洲男［1990］『財務会計論』中央経済社。

森川八洲男［2008］『体系財務諸表論（第二版）』中央経済社。

守永誠治［1989］『非営利組織体会計の研究─民法34条法人・社会福祉法人・宗教法人を中心として─』慶応義塾大学出版会。

文部科学省［2016］「学校法人会計基準について─文部科学省高等教育局私学部参事官付平成28年8月23日（火）─」。https://www.mext.go.jp/component/a_menu/education/detail/__icsFiles/afieldfile/2016/09/28/1377577_3.pdf（最終閲覧日：令和4年5月28日）。

矢内一好［2019］『日本・財務会計形成史─法人税・企業会計・商法の関連性─』中央経済社。

弥永真生［2005］『「資本」の会計─商法と会計基準の概念の相違─』中央経済社。

弥永真生［2013］『会計基準と法』中央経済社。

山口稲生［1991］「アンソニーの非営利組織会計論に関する一考察」『西南学院大学商学論集』第37巻第3.4合併号，145-165頁。

山桝忠恕・嶌村剛雄［1973］『体系 財務諸表論［理論篇］』税務経理協会。

Anthony, R. N.［1978］*FASB Research Report, Financial Accounting in Nonbusiness Organizations: An Exploratory Study of Conceptual Issues*, Financial Accounting Standards Board.

Anthony, R. N.［1984］*Future Direction for Financial Accounting*, Dow Johns-Irwin.（佐藤倫正訳［1989］『アンソニー財務会計論─将来の方向─』白桃書房。）

Anthony, R. N.［1989］*Should Business and Nonbusiness Accounting Be Different?*, Harvard Business School Press.（日野修造訳［2016］『非営利組織体財務報告論─財務的生存力情報の開示と資金調達─』中央経済社。）

FASB［1980］*Statement of Financial Accounting Concepts No. 4, Objectives of Financial Reporting by Nonbusiness Organizations*, Financial Accounting Standards Board.（平松一夫・広瀬義州訳［2010］『FASB財務会計の諸概念（増補版）』中央経済社。）

FASB［1985］*Statement of Financial Accounting Concepts No. 6, Elements of Financial Statements*, Financial Accounting Standards Board.（平松一夫・広瀬義洲訳［2010］『FASB財務会計の諸概念（増補版）』中央経済社。）

FASB［1993］*Statement of Financial Accounting Standards No. 117, Financial Statement of Not-for-Profit Organizations*, Financial Accounting Standards Board.

FASB [2016] *Accounting Standards Update* 2016-14, *Not-for-Profit Entities (Topic 958) : Presentation of Financial Statements of Not-for-Profit Entities*, Financial Accounting Standards Board.

IASB [2001a] *International Accounting Standards No.* 20, *Accounting for Government Grants and Disclosure of Government Assistance*, International Accounting Standards Board.（IFRS財団編／企業会計基準委員会・財務会計基準機構監訳『IFRS基準＜注釈付き＞2019』中央経済社，A1199-A1208頁。）

IASB [2001b] *International Accounting Standards No.* 41, *Agriculture*, International Accounting Standards Board.（IFRS財団編／企業会計基準委員会・財務会計基準機構監訳『IFRS基準＜注釈付き＞2019』中央経済社，A1585-A1599頁。）

IASB [2014] *International Financial Reporting Standards No.* 15, *Revenue from Contracts with Customers*, International Accounting Standards Board.（IFRS財団編／企業会計基準委員会・財務会計基準機構監訳『IFRS基準＜注釈付き＞2019』中央経済社，A743-A816頁。）

IPSASB [2001a] *International Public Sector Accounting Standards No.* 9, *Revenue from Exchange Transaction*, International Public Sector Accounting Standards Board.

IPSASB [2001b] *International Public Sector Accounting Standards No.* 11, *Construction Contracts*, International Public Sector Accounting Standards Board.

IPSASB [2006] *International Public Sector Accounting Standards, No.* 23, *Revenue from Non-Exchange Transactions (Taxes and Transfers)*, International Public Sector Accounting Standards Board.

IPSASB [2017] *Consultation Paper: Accounting for Revenue and Non-Exchange Expenses*, International Public Sector Accounting Standards Board.

索　引

A〜Z

Ａタイプ（SFAC第4号）	92, 95
Ｂタイプ（SFAC第4号）	92, 95
FAF	32
GASB	32, 90
IAS	45
IASB	32, 97, 122
IFRS	32, 46
IPSAS	25, 31, 32, 37, 38
SFAC第4号	16, 43, 57, 84, 89, 96, 121, 124, 158
SFAC第6号	83, 92, 109, 124, 125, 127, 131, 138, 143
SFAS	124, 126

あ

アウトカム	91, 97
アウトプット	91, 95
アメリカ政府会計基準審議会（GASB）	32, 90
新たな課税所得の選択基準	16, 57
イコールフッティング	12, 14
一時拘束	126, 128, 131, 139, 140, 157
一時拘束純資産	107, 126, 130, 157
運営費交付金	54, 134
永久拘束	127, 128, 131, 139, 145, 157
永久拘束純資産	107, 125, 130
エンティティ観	99, 100, 107, 114

か

外延的定義	5, 6, 58
会計主体論	8, 63, 68, 82, 98, 99, 122
会計上の財産的基礎	132, 136
回収余剰である利益	7, 63, 105, 113
外部及び内部者の意図	121, 135, 155
片道運動	49, 57
関連性	27, 30
企業会計原則	45, 67, 133
企業主体理論	66, 68, 84, 99, 115, 152
企業体理論	65, 68
寄附（付）金	40, 55, 94, 97, 134
基本金	141-143, 145
基本財産基金	119, 120
業務的フロー	96, 98
現実的なモデル	136, 157
限定列挙方式	4, 6, 36, 44, 150
コアとなる資本	10, 52
交換取引	32, 35
公正処理基準	8, 9, 13, 152, 154
国際会計基準（IAS）	45
国際会計基準審議会（IASB）	32, 97, 122
国際公会計基準（IPSAS）	25, 31, 32, 37, 38
国際財務報告基準（IFRS）	32, 46
国庫補助金	45, 47, 67, 68

さ

財務会計基準書（SFAS）	124, 126, 157
財務会計財団（FAF）	32
残余財産分配請求権	74, 93
残余請求権	92, 93
時間拘束	126, 139

資金源泉 …………… 52, 56, 100, 123
資金の拘束性 ………………… 39, 56
資金の循環過程 ……… 39, 44, 49, 56
資金理論 …………………… 65, 66
資源提供者の意図 ……… 47, 58, 83, 98
自己収入 ……………… 48, 49, 53, 54
資産負債アプローチ ………… 103, 109
施設費 ……………………… 53, 134
使途の制約 …………………… 138-140
資本維持の概念 ……… 124, 128, 130
資本概念 ……… 4, 44, 119, 121, 131, 148, 169
資本資産 ……………… 119, 121, 130
資本的フロー ………………… 96, 98
資本取引・損益取引区分の原則
………………… 89, 104, 115, 132
収益事業 …… 4, 6, 7, 11, 18, 24, 25, 27, 75, 82
収益事業課税における資本概念
  会計主体論からの導出 ………… 150
  拘束性の意図の決定 …………… 154
  所得計算原則への適合性 ………… 152
収益費用アプローチ ………… 103-105, 110
主体持分の維持 ………… 105, 120, 121
出資 ……………… 52, 64, 133
循環運動 ……………………… 49, 57
処分の制約 …………… 138, 140
所有主理論 ……… 64, 71, 72, 85
人格のない社団等 ………… 11, 79

贈与資本 ……………… 119, 129, 152
組織体の業績情報 ……… 90, 91, 106
租税法律主義 ………………… 7, 59

| た |

第 1 号基本金 ……………… 141, 144
第 2 号基本金 ……………… 141, 143

第 3 号基本金 ……………… 141, 143
第 4 号基本金 ……………… 141, 144
対価 ……………… 15, 25-27, 37

治験事件 ……………………… 28
中期計画 ……………………… 78, 133

統一的な会計基準 ………… 10, 46, 84
投下資本 ……… 6, 7, 63, 105
同等性 ……………… 27, 30, 36

| な |

流山事件 ……………………… 28, 30

| は |

場当たり的 ……………… 4, 10, 150

非営利組織の本質的（組織的）な特徴
………………… 4, 43, 50, 57, 160
非交換取引 …………………… 32, 39
非拘束純資産 ……… 109, 126, 130

ペット葬祭事件 ……………… 29, 30

法人擬制説 …………………… 69, 71
法人実在説 ……… 68, 69, 71
法人本質観 ……………………… 8
補助金等 ……………… 54, 83, 134
保有形態の制約 …………… 138-140

| ま |

マトリクス ……………………… 37, 58

目的拘束 ……………… 126, 139

〈著者紹介〉

春日　克則（かすが・かつのり）

九州情報大学経営情報学部教授，九州産業大学名誉教授，
博士（経済学）

1976年　専修大学商学部会計学科卒業
1978年　青山学院大学大学院経営学研究科経営学専攻修士課程修了
1985年　専修大学大学院商学研究科商学専攻博士後期課程単位取
　　　　得満期退学
2024年　九州大学大学院経済学府経済システム専攻博士後期課程
　　　　修了

宮崎産業経営大学経営学部講師，助教授，教授，九州産業大学商
学部教授を経て現職。

2025年1月15日　　初版発行　　　　　　　　略称：収益事業課税

非営利法人における収益事業課税の理論と展開
―組織の本質的な特徴との関連からの課題―

著　者　 ⓒ 春　日　克　則
発行者　　　中　島　豊　彦

発行所　**同 文 舘 出 版 株 式 会 社**

東京都千代田区神田神保町1-41　　　　〒101-0051
営業(03)3294-1801　　　　　　　編集(03)3294-1803
振替 00100-8-42935　　　　https://www.dobunkan.co.jp

Printed in Japan 2025　　　　　　　製版：一企画
　　　　　　　　　　　　　　　　印刷・製本：萩原印刷
　　　　　　　　　　　　　　　　装丁：オセロ

ISBN978-4-495-17691-4

[JCOPY] 〈出版者著作権管理機構 委託出版物〉
本書の無断複製は著作権法上での例外を除き禁じられています。複製される
場合は，そのつど事前に，出版者著作権管理機構（電話 03-5244-5088，FAX
03-5244-5089，e-mail: info@jcopy.or.jp）の許諾を得てください。